JN441283

학령기 아동을 위한

읽기유창성 및 읽기이해 프로그램 1

| 설명글 |

김애화 · 김의정 공저

다양한 교육적 요구를 지닌 학생을 위한 프로그램

난독, 경계선 지능, 기초학력 지원대상 학생 등

학 지사

머리말

저자들은 2021년에 '학령기 아동을 위한 읽기유창성 및 읽기이해 프로그램'을 개발하여 학지사에서 출간하였고, 이때는 이야기글의 읽기유창성과 읽기이해 향상에 중점을 두었습니다. 이번 프로그램은 이전 프로그램의 후속 프로그램으로, 설명글의 읽기유창성과 읽기이해 향상을 위해 개발되었습니다.

설명글은 특정 주제나 개념에 대해 정보를 전달하고, 독자가 그 내용을 이해하도록 돕는 것이 목적입니다. 즉, 독자는 글을 통해 새로운 지식을 얻기 위해 글의 내용 간 논리적 관계를 이해하고, 핵심 내용을 깊이 있게 파악해야 하므로 이야기글에 비해 더 큰 인지적인 노력이 필요합니다.

이 프로그램은 이러한 설명글의 읽기유창성과 읽기이해 능력을 향상시키기 위해 단계적 학습 활동을 제공합니다. 이 프로그램은 크게 전략 차시와 본 차시 두 부분으로 나뉩니다. 전략 차시에서는 설명글을 효과적으로 읽고 이해하는 데 필요한 증거기반 교수법을 지도하고, 본 차시에서는 증거기반 교수법을 적용하여 설명글 읽기유창성과 읽기이해를 향상시키는 활동을 체계적으로 구성하였습니다. 또한 사전 · 사후 평가를 통해 학생들의 향상도를 확인하고, 구체적인 피드백을 제공할 수 있도록 개발하였습니다.

설명글은 초등학생들이 새로운 지식을 습득하는 데 핵심적인 역할을 합니다. 따라서 이 프로그램은 설명글 읽기유창성과 읽기이해 능력이 향상되어야 할 필요성이 있는 초등학생에게 적합합니다. 또한 학교 내 방과 후 수업, 학습종합클리닉센터, 인지학습치료센터 등 다양한 교육 환경에서 초등학생을 대상으로 설명글 읽기유창성과 읽기이해 능력 향상에 중점을 두고 지도하는 데 유용하게 활용될 수 있습니다. 또한 설명글을 읽고 이해하는 데 어려움을 겪는 느린 학습자, 한국어가 모국어가 아니거나 모국어로 습득하는 데 어려움을 겪는 다문화 가정 학생 등에도 적합한 자료로 활용될 수 있습니다. 이 외에도 부모님께서 자녀의 설명글 읽기 능력 향상을 위해 가정에서 이 프로그램을 활용할 것을 권장합니다.

이 프로그램의 개발자들은 이 프로그램이 다양한 학습자에게 설명글을 읽고 이해하는 즐거움을 선사하고, 글 읽기에 자신감을 가질 수 있기를 기대합니다. 나아가 여러 교과에서 요구하는 설명글 읽기유창성과 읽기이해 능력을 체계적으로 강화하여 학업성취를 높이는 데 중요한 자료로 활용되기를 바랍니다. 마지막으로, 프로그램의 개발 과정에서 많은 도움을 주신 박선희, 이정미, 이승희 박사님과 출판 과정에서 큰 지원을 아끼지 않으신 학지사의 김진환 사장님, 유가현 과장님께 깊은 감사의 마음을 전합니다.

2026년

저자 일동

책의 구성 및 활용 방법

『학령기 아동을 위한 읽기유창성 및 읽기이해 프로그램: 설명글』은 설명글을 유창하게 읽고, 읽은 내용을 이해할 수 있는 능력을 향상시키는 것을 목표로 개발되었다.

이 프로그램은 2021년에 학지사에서 출간된 『학령기 아동을 위한 읽기유창성 및 읽기이해 프로그램』의 후속 프로그램이다. 『학령기 아동을 위한 읽기유창성 및 읽기이해 프로그램』은 이야기글의 읽기유창성과 읽기이해 향상을 목표로 하였고, 이 프로그램은 설명글의 읽기유창성과 읽기이해 향상을 목표로 하였다. 이 프로그램에 포함된 글은 기초학력 진단검사, 국가수준 학업성취도검사 등 학교 현장에서 실시되는 검사에 수록된 지문 중에서 발췌하였다(지문별 출처 표기).

이 프로그램은 다양한 특성을 지닌 학생들에게 설명글의 유창성과 읽기이해를 향상시키는 데 효과성이 검증된 교수 전략을 반영하여 개발되었다.

이 프로그램은 크게 전략 차시와 본 차시로 나누어져 있다.

첫째, 전략 차시에서는 본 프로그램에 적용된 읽기이해 전략(중심 내용 파악하기 전략, 내용 조직하기 전략, 내용 간추리기 전략)을 가르친다['알아두기'(pp. 12~15)의 전략 설명 참고].

둘째, 본 프로그램의 본 차시는, (1) 사전 평가, (2) 배경지식 활성화하기, (3) 학습 목표, (4) 단어 학습(단어 읽기, 어휘 익히기, 단어 반복 읽기), (5) 어구/절 학습(어구/절 읽기, 어구/절 반복 읽기), (6) 글 학습(끊어서 반복 읽기), (7) 읽기이해 전략 학습(중심 내용 파악하기 전략, 내용 조직하기 전략, 내용 간추리기 전략, 제목 찾기), (8) 읽기이해 질문에 답하기, (9) 사후 평가로 구성되었다.

다음은 각 활동에 대한 간단한 설명이다.

1) **사전 평가**: 지문에 대해 학습하기 전, 각 차시 지문에 대한 읽기유창성 평가를 실시한다.

2) **배경지식 활성화하기**: 학생이 글을 읽기 전에 글의 주제에 대해 알고 있는 바를 자유롭게 말하고 정리하도록 한다.

3) **학습 목표**: 각 차시 학습 목표를 학생이 읽도록 한다.

4) 단어 학습

- 단어 읽기: 지문에서 핵심 단어이거나 어려운 단어를 선정하여 학생이 해당 단어를 올바르게 읽도록 한다.
- 어휘 익히기: 학생이 선정된 단어의 뜻을 깊이 있게 이해할 수 있도록 다양한 활동을 한다.
- 단어 반복 읽기: 학생이 선정된 단어들을 빠르고 정확하게 읽는 것을 반복 연습할 수 있도록 한다.

5) 어구/절 학습

- 어구/절 읽기: 읽기 지문에서 어렵거나 자주 접하게 되는 어구/절을 선정하여 학생이 어구/절을 올바르게 읽도록 한다.
- 어구/절 반복 읽기: 학생이 선정된 어구/절을 빠르고 정확하게 읽는 것을 반복 연습할 수 있도록 한다.

6) **글 학습(끊어서 반복 읽기)**: 학생이 전체 지문을 빠르고 정확하게 읽는 것을 3번 이상 반복 연습할 수 있도록 한다.

7) 읽기이해 전략 학습

- 중심 내용 파악하기 전략: 학생이 각 문단의 중심 낱말을 파악하고, 뒷받침 내용을 지움으로써 중심 내용을 찾을 수 있도록 한다.
- 내용 조직하기 전략: 학생이 전체 글에 나타나는 조직적 특성을 그래픽 조직자를 활용하여 시각적으로 정리할 수 있도록 한다.
- 내용 간추리기 전략: 학생이 내용 조직하기 전략을 통해 정리한 내용을 바탕으로 전체 글을 요약하도록 한다.
- 제목 찾기: 학생이 읽은 글의 제목을 찾을 수 있도록 한다.

8) 읽기이해 질문에 답하기

- 학생이 다양한 읽기이해 질문에 답하도록 한다.

9) 사후 평가

- 각 차시 공부를 마친 후, 학습한 지문에 대한 읽기유창성 평가를 실시하도록 한다. 사전 평가 결과와 사후 평가 결과를 비교해 본다.

사전 평가

지시문 **앞에 있는 종이에 글이 있어요. 이제 선생님이 "시작"이라고 하면** (학생용 평가지의 첫 어절을 손가락으로 가리키고 계속해서 훑으면서 보여 주며) **처음부터 읽기 시작해서 "그만"이라고 할 때까지 최대한 정확하게, 그리고 최대한 빨리 읽으세요. 글을 읽다가 모르는 글자가 나오면 선생님이 어떻게 해야 할지 알려 줄게요. 최선을 다하세요. 질문 있어요?** (질문이 있으면 질문에 대답한다.) **준비, 시작.** (학생이 첫 어절을 말함과 동시에 초시계를 누르고 1분간 학생의 반응을 기록한 뒤 1분이 지나면 "그만"이라고 말한다.)

콩나물 냉라면 만드는 방법을 소개하겠습니다. 준비물로 콩나물, 라면, 양념 재료, 얼음, 물을 준비합니다. 준비가 끝나면 요리를 시작합니다.

첫 번째, 끓는 물에 면과 콩나물을 넣고 끓이다가 재료가 익으면 체에 걸러 찬물로 씻어 줍니다.

두 번째, 라면 스프에 양념 재료와 물을 넣고 섞어 양념장을 만듭니다.

세 번째, 완성된 양념장에 면과 콩나물을 넣어 비빈 후 마지막으로 얼음을 넣어 완성해 줍니다.

출처: 2021학년도 초등학교 4학년 기초학력 진단검사 국어(G형)

학생용

1 사전 평가

각 차시를 공부하기 전에 각 차시 지문에 대한 읽기유창성 평가를 실시합니다.

(※ 학생은 '학생용'에 제시된 지문을 1분 동안 소리 내어 읽도록 합니다. 교사는 '교사용'에 제시된 발음을 보면서 평가를 실시한 후, 읽기유창성 점수를 기록합니다.)

사전 평가

콩나물 냉라면 만드는 방법을 소개하겠습니다. 준비물로 콩나물, 라면, 8
콩나물 냉나면 만드는 방버블 소개하겐씁니다. 준비물로 콩나물, 라면,

양념 재료, 얼음, 물을 준비합니다. 준비가 끝나면 요리를 시작합니다. 17
양념 재료, 어름, 무를 준비함니다. 준비가 끈나면 요리를 시자캄니다.

첫 번째, 끓는 물에 면과 콩나물을 넣고 끓이다가 재료가 익으면 체에 걸러 29
천 뻔째, 끌른 무레 면과 콩나무를 너코 끄리다가 재료가 이그면 체에 걸러

찬물로 씻어 줍니다. 32
찬물로 씨서 줌니다.

두 번째, 라면 스프에 양념 재료와 물을 넣고 섞어 양념장을 만듭니다. 43
두 번째, 라면 스프에 양념 재료와 무를 너코 서꺼 양념장을 만듬니다.

세 번째, 완성된 양념장에 면과 콩나물을 넣어 비빈 후 마지막으로 얼음을 54
세 번째, 완성된 양념장에 면과 콩나무를 너어 비빈 후 마지마그로 어르믈

넣어 완성해 줍니다. 57
너어 완성해 줌니다.

읽은 총 어절 수 (   ) - 틀린 어절 수 (   ) = 읽기유창성 점수 (   )

교사용

배경지식 활성화하기

◆ 사진을 보고, 오늘 배울 주제(콩나물 냉라면)에 대해 이미 알고 있는 것과 어떤 내용을 배울 것 같은지 등에 대해 자유롭게 말해 봅시다.

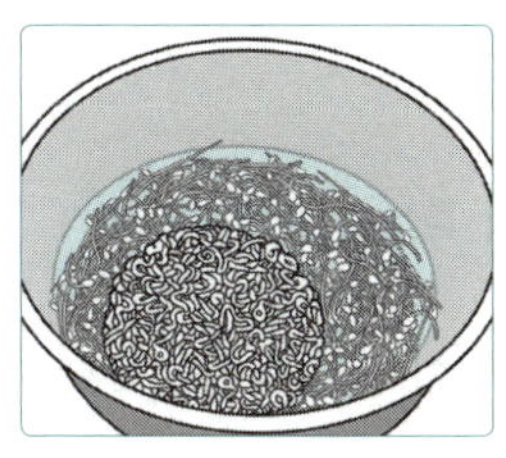

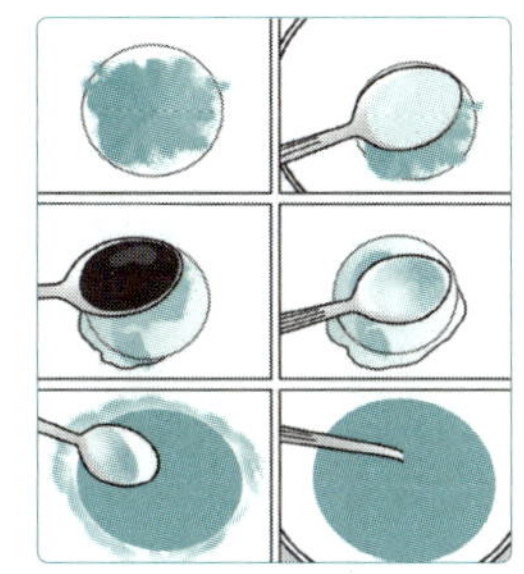

2 배경지식 활성화하기

각 차시 공부 전에 배경지식을 활성화시킵니다.

각 차시 글의 주제에 대해 알고 있는 것에 대해 학생이 자유롭게 말하도록 하고, 교사는 학생이 말한 내용을 학생과 함께 간단히 정리합니다.

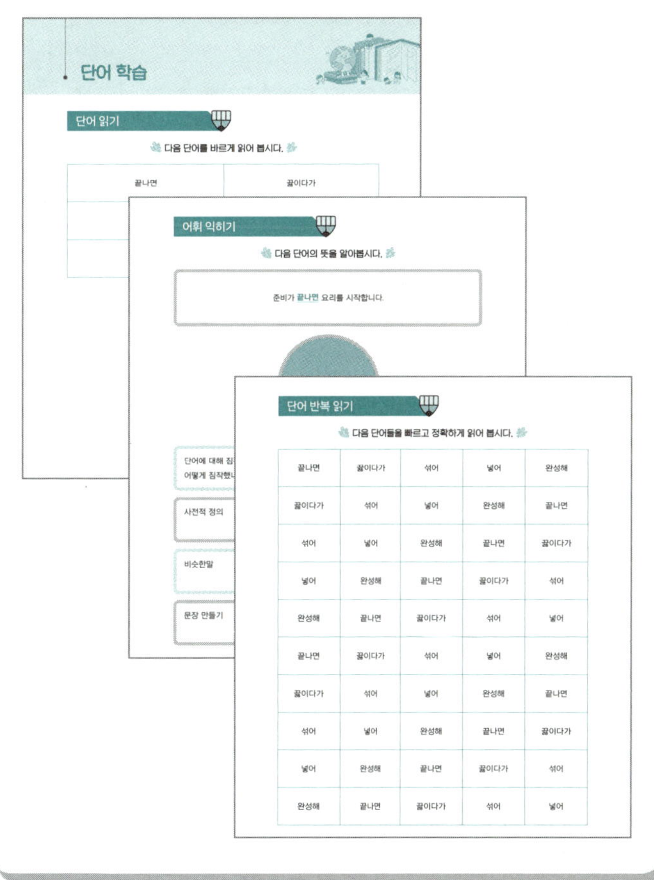

단어 학습

단어 읽기

다음 단어를 바르게 읽어 봅시다.

끝나면	끓이다가

어휘 익히기

다음 단어의 뜻을 알아봅시다.

준비가 끝나면 요리를 시작합니다.

사전적 정의

비슷한말

문장 만들기

단어 반복 읽기

다음 단어들을 빠르고 정확하게 읽어 봅시다.

끝나면	끓이다가	섞어	넣어	완성해
끓이다가	섞어	넣어	완성해	끝나면
섞어	넣어	완성해	끝나면	끓이다가
넣어	완성해	끝나면	끓이다가	섞어
완성해	끝나면	끓이다가	섞어	넣어
끝나면	끓이다가	섞어	넣어	완성해
끓이다가	섞어	넣어	완성해	끝나면
섞어	넣어	완성해	끝나면	끓이다가
넣어	완성해	끝나면	끓이다가	섞어
완성해	끝나면	끓이다가	섞어	넣어

3 단어 학습

지문에서 핵심 단어나 어려운 단어를 선정하여 공부합니다.

- 단어 읽기: 학생이 선정된 단어를 올바르게 읽을 수 있도록 합니다.
- 어휘 익히기: 학생이 선정된 단어들의 뜻을 학습하도록 합니다.
  (※ 학생은 '학생용'에 알맞은 내용을 적도록 하고, 교사는 '교사용'에 제시된 어휘 뜻과 모범 답안을 참고하여 학생을 지원합니다.)
- 단어 반복 읽기: 학생이 선정된 단어들을 빠르고 정확하게 읽을 수 있도록 반복 연습시킵니다.

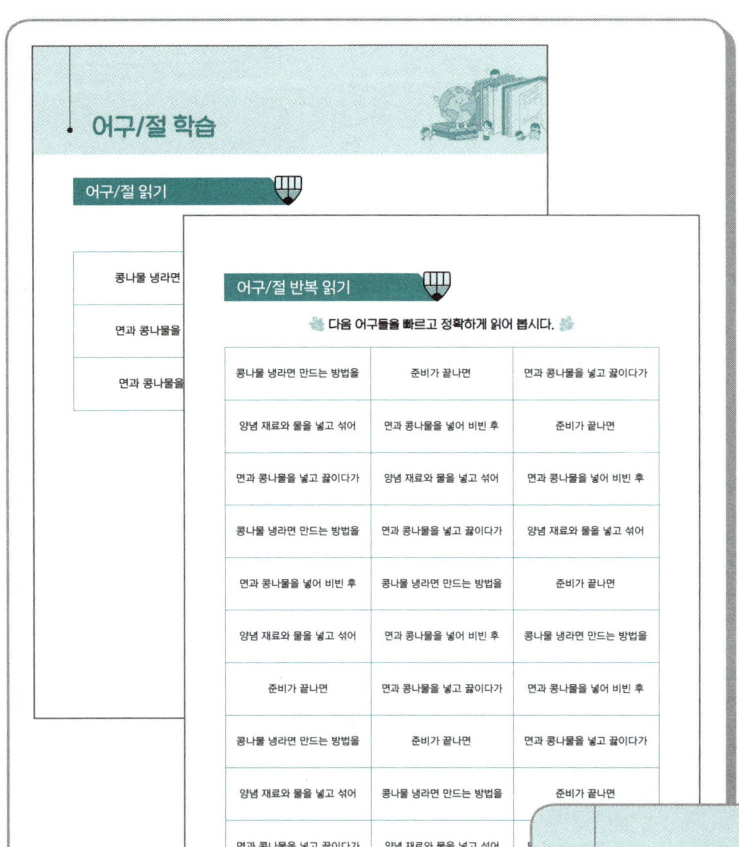

어구/절 학습

어구/절 읽기

콩나물 냉라면
면과 콩나물을
면과 콩나물을

어구/절 반복 읽기

다음 어구들을 빠르고 정확하게 읽어 봅시다.

콩나물 냉라면 만드는 방법을	준비가 끝나면	면과 콩나물을 넣고 끓이다가
양념 재료와 물을 넣고 섞어	면과 콩나물을 넣어 비빈 후	준비가 끝나면
면과 콩나물을 넣고 끓이다가	양념 재료와 물을 넣고 섞어	면과 콩나물을 넣어 비빈 후
콩나물 냉라면 만드는 방법을	면과 콩나물을 넣고 끓이다가	양념 재료와 물을 넣고 섞어
면과 콩나물을 넣어 비빈 후	콩나물 냉라면 만드는 방법을	준비가 끝나면
양념 재료와 물을 넣고 섞어	면과 콩나물을 넣어 비빈 후	콩나물 냉라면 만드는 방법을
준비가 끝나면	면과 콩나물을 넣고 끓이다가	면과 콩나물을 넣어 비빈 후
콩나물 냉라면 만드는 방법을	준비가 끝나면	면과 콩나물을 넣고 끓이다가
양념 재료와 물을 넣고 섞어	콩나물 냉라면 만드는 방법을	준비가 끝나면
면과 콩나물을 넣고 끓이다가	양념 재료와 물을 넣고 섞어	

4 어구/절 학습

읽기 지문에서 어렵거나 자주 접하게 되는 어구/절을 선정하여 공부합니다.

- **어구/절 읽기: 학생이 선정된 어구/절을 올바르게 읽도록 합니다.**
- **어구/절 반복 읽기: 학생이 선정된 어구/절을 빠르고 정확하게 읽을 수 있도록 반복 연습시킵니다.**

글 학습

끊어서 반복 읽기 

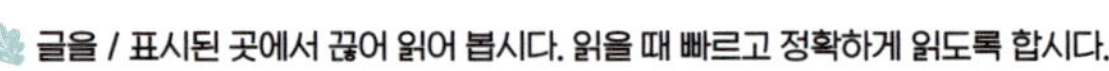

글을 / 표시된 곳에서 끊어 읽어 봅시다. 읽을 때 빠르고 정확하게 읽도록 합시다.

콩나물 냉라면 만드는 방법을 / 소개하겠습니다. / 준비물로 / 콩나물, 라면, 양념 재료, 얼음, 물을 / 준비합니다. / 준비가 끝나면 / 요리를 시작합니다. /

첫 번째, / 끓는 물에 / 면과 콩나물을 넣고 끓이다가 / 재료가 익으면 / 체에 걸러 / 찬물로 씻어 줍니다. /

두 번째, / 라면 스프에 / 양념 재료와 물을 넣고 섞어 / 양념장을 만듭니다. /

세 번째, / 완성된 양념장에 / 면과 콩나물을 넣어 비빈 후 / 마지막으로 / 얼음을 넣어 / 완성해 줍니다. /

5 글 학습(끊어서 반복 읽기)

학생이 전체 지문을 빠르고 정확하게 읽을 수 있도록 3번 이상 반복 연습시킵니다.

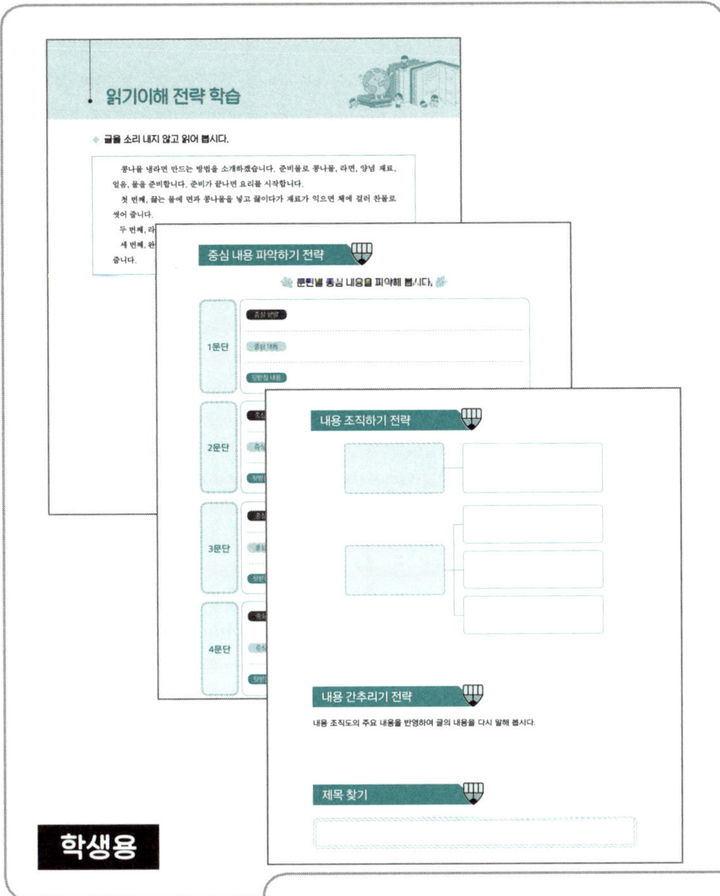

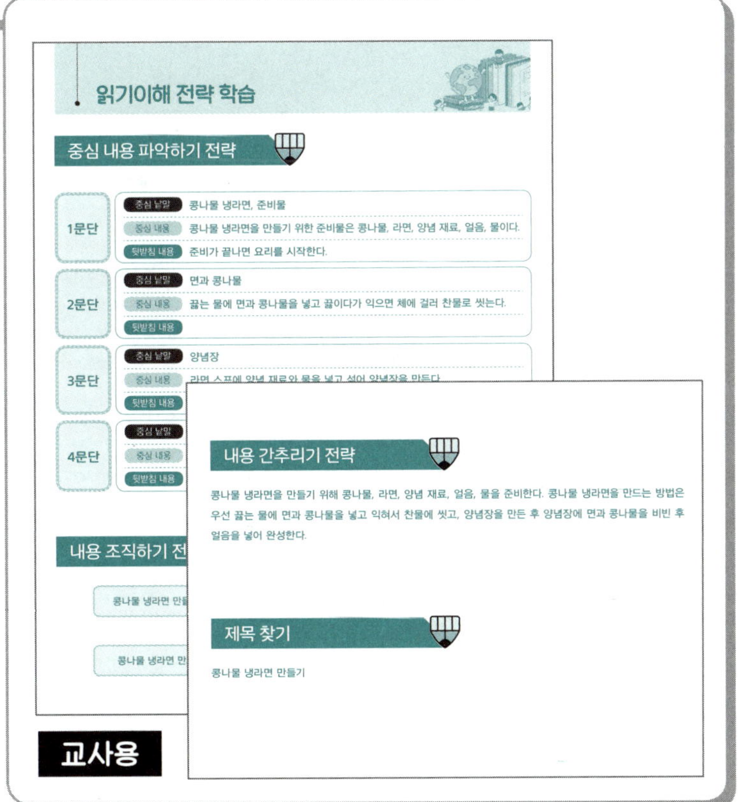

6 읽기이해 전략 학습

- 중심 내용 파악하기 전략: 학생이 각 문단의 중심 낱말을 찾고, 뒷받침 내용을 지움으로써 중심 내용을 찾을 수 있도록 합니다.
- 내용 조직하기 전략: 학생이 그래픽 조직자를 활용하여 전체 글의 내용을 시각적으로 정리하도록 합니다.
- 내용 간추리기 전략: 학생이 내용 조직하기 전략을 통해 정리한 내용을 바탕으로 전체 글을 요약하도록 합니다.
- 제목 찾기: 학생이 글에 알맞은 제목을 적도록 합니다.

(※ 학생은 '학생용'에 비어 있는 곳에 알맞은 내용을 적도록 합니다. 교사는 '교사용'에 제시된 모범 답안을 참고하여 학생을 지원합니다.)

7 읽기이해 질문에 답하기

학생이 다양한 읽기이해 질문에 답하도록 합니다.

(※ 학생은 '학생용'에 제시된 지문에 답하도록 합니다. 교사는 '교사용'에 제시된 모범 답안을 참고하여 학생을 지원합니다.)

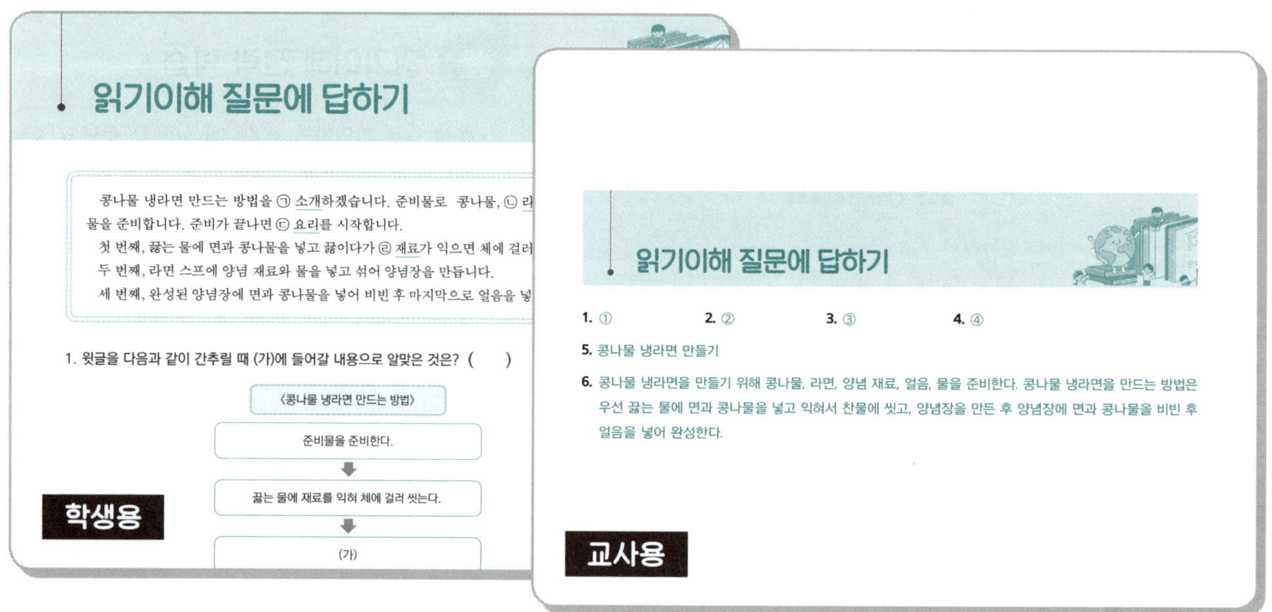

읽기이해 질문에 답하기

콩나물 냉라면 만드는 방법을 ㉠ 소개하겠습니다. 준비물로 콩나물, ㉡ 라
물을 준비합니다. 준비가 끝나면 ㉢ 요리를 시작합니다.
첫 번째, 끓는 물에 면과 콩나물을 넣고 끓이다가 ㉣ 재료가 익으면 체에 걸러
두 번째, 라면 스프에 양념 재료와 물을 넣고 섞어 양념장을 만듭니다.
세 번째, 완성된 양념장에 면과 콩나물을 넣어 비빈 후 마지막으로 얼음을 넣

1. 윗글을 다음과 같이 간추릴 때 (가)에 들어갈 내용으로 알맞은 것은? (　　)

〈콩나물 냉라면 만드는 방법〉
준비물을 준비한다.
끓는 물에 재료를 익혀 체에 걸러 씻는다.
(가)

학생용

읽기이해 질문에 답하기

1. ①　2. ②　3. ③　4. ④

5. 콩나물 냉라면 만들기

6. 콩나물 냉라면을 만들기 위해 콩나물, 라면, 양념 재료, 얼음, 물을 준비한다. 콩나물 냉라면을 만드는 방법은 우선 끓는 물에 면과 콩나물을 넣고 익혀서 찬물에 씻고, 양념장을 만든 후 양념장에 면과 콩나물을 비빈 후 얼음을 넣어 완성한다.

교사용

8 사후 평가

각 차시 공부하기를 마친 후, 각 차시 지문에 대한 읽기유창성 평가를 실시합니다.

(※ 학생은 '학생용'에 제시된 지문을 1분 동안 소리 내어 읽도록 합니다. 교사는 '교사용'에 제시된 발음을 보면서 평가를 실시한 후, 읽기유창성 점수를 기록합니다.)

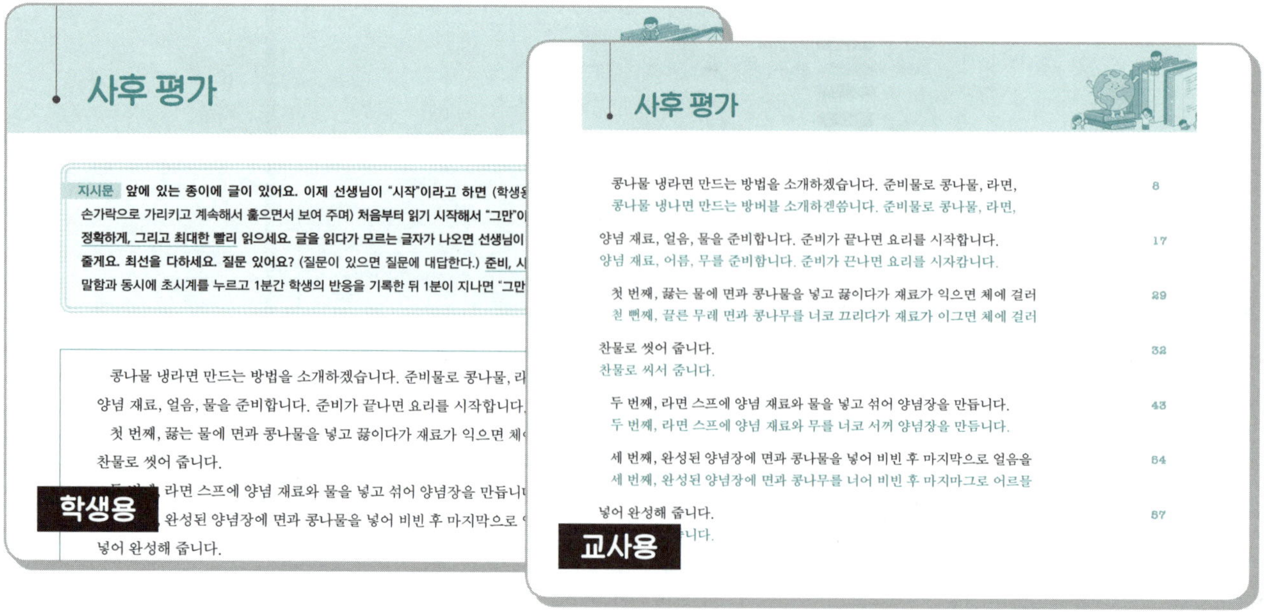

사후 평가

지시문 앞에 있는 종이에 글이 있어요. 이제 선생님이 "시작"이라고 하면 (학생
손가락으로 가리키고 계속해서 훑으면서 보여 주며) 처음부터 읽기 시작해서 "그만"이
정확하게, 그리고 최대한 빨리 읽으세요. 글을 읽다가 모르는 글자가 나오면 선생님이
줄게요. 최선을 다하세요. 질문 있어요? (질문이 있으면 질문에 대답한다.) 준비, 시
말함과 동시에 초시계를 누르고 1분간 학생의 반응을 기록한 뒤 1분이 지나면 "그만

콩나물 냉라면 만드는 방법을 소개하겠습니다. 준비물로 콩나물, 라
양념 재료, 얼음, 물을 준비합니다. 준비가 끝나면 요리를 시작합니다.
첫 번째, 끓는 물에 면과 콩나물을 넣고 끓이다가 재료가 익으면 체
찬물로 씻어 줍니다.
두 번째, 라면 스프에 양념 재료와 물을 넣고 섞어 양념장을 만듭니
세 번째, 완성된 양념장에 면과 콩나물을 넣어 비빈 후 마지막으로
넣어 완성해 줍니다.

학생용

사후 평가

콩나물 냉라면 만드는 방법을 소개하겠습니다. 준비물로 콩나물, 라면, 8
콩나물 냉나면 만드는 방버블 소개하겐씀니다. 준비물로 콩나물, 라면,

양념 재료, 얼음, 물을 준비합니다. 준비가 끝나면 요리를 시작합니다. 17
양념 재료, 어름, 무를 준비함니다. 준비가 끈나면 요리를 시자캄니다.

첫 번째, 끓는 물에 면과 콩나물을 넣고 끓이다가 재료가 익으면 체에 걸러 29
첟 뻔째, 끌른 무레 면과 콩나무를 너코 끄리다가 재료가 이그면 체에 걸러

찬물로 씻어 줍니다. 32
찬물로 씨서 줌니다.

두 번째, 라면 스프에 양념 재료와 물을 넣고 섞어 양념장을 만듭니다. 43
두 번째, 라면 스프에 양념 재료와 무를 너코 서꺼 양념장을 만듬니다.

세 번째, 완성된 양념장에 면과 콩나물을 넣어 비빈 후 마지막으로 얼음을 54
세 번째, 완성된 양념장에 면과 콩나무를 너어 비빈 후 마지마그로 어르믈

넣어 완성해 줍니다. 57

교사용

알아 두기

다음에 수업 전에 교수자가 알아 두어야 할 사항을 제시하였다. 교수자는 각 회기에서 다뤄지는 중요한 내용이나 전략에 대한 이론적인 근거를 알게 됨으로써 효과적인 수업을 진행할 수 있을 것이다.

읽기유창성

읽기유창성이란?

읽기유창성은 글을 빠르고 정확하게, 적절한 표현력을 가지고 읽는 능력이다.

읽기유장성은 왜 중요한가?

읽기유창성은 글을 읽고 이해하는 능력과 높은 관련성을 갖는다.

끊어서 반복 읽기는?

이 프로그램에서는 '끊어서 반복 읽기 전략'을 적용함으로써 읽기유창성을 향상시키고자 하였다.

1) '끊어서 반복 읽기'는 '끊어 읽기'와 '소리 내어 반복 읽기'를 결합한 교수이다.
2) 끊어 읽기: 글을 구성하는 문장들을 의미가 통하는 구나 절 단위로 끊어서 제시한다.
3) 반복 읽기: 의미가 통하는 구나 절 단위로 끊어서 제시한 지문을 소리 내어 반복해서 읽는다. 이때, 교수자가 유창하게 글을 읽는 것을 시범 보인 후, 학생들이 3번 이상 소리 내어 반복 읽도록 하는 것이 좋다.

끊기의 기준은?

- 이 프로그램에서 제시한 끊어 읽기 단위의 가장 중요한 기준은 글을 이해하는 데 도움이 되는 의미 단위로 끊는 것이다. 기본적으로 주부와 술부를 구분하되, 겹문장의 경우에는 겹문장의 구조를 이해하기 쉽게 끊음으로써 글을 이해하는 데 도움이 되도록 하였다.
- 이 프로그램에서 제시한 끊어 읽기 단위는 교수 목적을 위해 학생에게 도움이 되도록 제시한 하나의

예일 뿐이며, 이것이 문법적으로 정확한 단위 기준을 의미하는 것은 아니다. 또한 학생의 수준에 따라 교사는 이 프로그램에 제시한 의미 단위보다 더 많은 혹은 더 적은 어절이 포함되도록 끊을 수 있다.

읽기유창성 평가는 어떻게 실시하는가?

1) 읽기유창성 점수는 학생이 1분 동안 올바르게 읽은 어절 수로 산출한다. 즉, 학생이 1분 동안 읽은 '총 어절 수'에서 '틀리게 읽은 어절 수'를 빼서 산출한다.

읽기유창성 점수 = 1분 동안 읽은 총 어절 수 − 틀리게 읽은 어절 수

2) 평가 시 다음 사항을 유의한다.

- 학생이 글의 첫 글자를 읽음과 동시에 타이머를 누른다.
- 학생이 3초 동안 글을 읽지 않을 경우, 다음 어절을 손으로 가리키며 '다음'이라고 빠르게 말하고, 못 읽은 어절은 오답 처리한다.
- 학생이 3초 안에 스스로 교정하면 그 위에 SC(Self−Correct)라고 쓰고 정답으로 처리한다.
- 학생이 한 줄 전체를 건너뛰고 읽었을 경우에는 그 줄에 표시하고 검사를 그대로 진행시키되, 생략한 부분을 오답 처리한다(1분 동안 측정하는 검사이므로 검사 중간에 빠트린 부분을 다시 읽도록 지시할 경우 시간이 소요되기 때문에, 학생을 방해하지 않고 그대로 검사를 진행시킨다).
- 학생이 틀리게 읽은 어절 위에 '/' 표시를 한다.
- 1분이 종료되면 학생이 읽은 마지막 어절에 '┘' 표시를 한다.

읽기이해

읽기이해란?

읽기이해는 글의 내용을 자신의 선행 지식과 연결 지으면서 의미를 형성해 가는 과정이다.

읽기이해는 왜 중요한가?

읽기이해는 읽기 교수의 궁극적인 목표로, 읽기 교수의 핵심이다.

설명글이란?

정보 전달을 목적으로 하는 글이다.

설명글의 읽기이해를 향상시킬 수 있는 방법에는 어떤 것들이 있는가?

설명글을 이해하는 도움을 주는 대표적인 전략에는 배경지식 활성화하기 전략, 중심 내용 파악하기 전략, 글의 구조 파악하기 전략, 요약하기 전략 등이 있다. 이 프로그램에서는 배경지식 활성화하기 전략을 통해 글을 읽기 전에 앞으로 읽을 글에 대한 학생의 선행 지식을 활성화시키고, 중심 내용 파악하기 전략을 통해 각 문단별 중심 내용을 파악하도록 하며, 글의 구조 파악하기 전략을 통해 전체 글의 내용의 구조를 파악하도록 하고, 요약하기 전략을 통해 전체 글의 내용을 간추리도록 하였다.

배경지식 활성화 전략은?

배경지식 활성화 전략은 글을 읽기 전에 글의 주제에 대해 알고 있는 바를 자유롭게 말하고, 이를 그래픽 조직자 등의 형식을 사용하여 시각적으로 조직함으로써 선행지식을 활성화시킨다.

중심 내용 파악하기 전략은?

중심 내용 파악하기 전략은, 1) 각 문단의 중심 낱말을 찾고, 2) 뒷받침 내용을 지움으로써 중심 내용을 파악할 수 있도록 돕는다. 일반적으로 중심 내용 파악하기 전략은 다음의 2단계로 적용된다.

(1) 각 문단의 '중심 낱말'은 무엇인가?

(2) 각 문단에서 '중심 낱말'에 관한 주요한 내용은 무엇인가?

- 각 문단에서 '중심 낱말'에 관한 주요한 내용을 파악하기 위해 같은 내용이 반복되면 지우기, 구체적인 설명을 하면 지우기, 예를 제시하면 지우기 등을 적용한다.

내용 조직하기 전략은?

내용 조직하기 전략(글의 구조 파악하기 전략)은 전체 글에 나타나는 조직적인 특성을 파악하는 전략이며, 그래픽 조직자를 활용하여 전체 글의 내용을 시각적으로 조직할 수 있도록 돕는다.

내용 간추리기 전략은?

내용 간추리기 전략(요약하기 전략)은 읽은 글의 전체 내용을 종합적으로 파악하여, 필요 없는 내용은 버리고 중요한 내용에 초점을 맞추어 정리하는 것을 돕는다. 이 프로그램에서는 내용 조직하기 전략을 통해 조직된 내용을 바탕으로 글의 내용을 요약하도록 가르친다.

읽기이해 질문에 답하기란?

1) 읽기이해 질문은 중심 내용 파악하기, 뒷받침 내용 파악하기, 추론(예: 생략된 내용 파악하기), 문법(어휘 포함), 요약하기 등의 문제로 구성하였다. 읽기이해 질문 중에는 기초학력 진단검사, 국가수준 학업성취도검사 등에 수록된 문항도 포함되어 있다.
2) 객관식 문항은 정답의 답을 기준으로 채점하며, 주관식 문항은 정답에 제시된 모범 답안을 참고하되 답안에 있는 내용을 그대로 쓰지 않더라도 적절하다고 판단될 경우 정답으로 간주한다.

차례

◇ 머리말 ············ 3

◇ 책의 구성 및 활용 방법 ············ 4

◇ 알아 두기 ········· 11

읽기유창성 및 읽기이해 프로그램

전략 차시 ········· 17

콩나물 냉라면 ········· 37

실 팔찌 ········· 59

직업에 따른 옷 ········· 81

동물의 소리 ········· 103

국악기 ········· 125

민화 ········· 147

고려청자 ········· 169

지표종 ········· 191

석빙고 ········· 213

◇ 교사용 정답 ········· 235

학령기 아동을 위한
읽기유창성 및 읽기이해 프로그램

전략 차시

학습 목표

- 중심 내용 파악하기 전략을 어떻게 사용하는지 알 수 있다.
- 내용 조직하기 전략을 어떻게 사용하는지 알 수 있다.
- 내용 간추리기 전략을 어떻게 사용하는지 알 수 있다.

읽기이해 전략 학습

중심 내용 파악하기 전략

1. 설명글(설명하는 글)이란?

- 정보 전달을 목적으로 하는 글

2. 지문: 여러 개의 **문단**으로 이루어져 있음

'**문단**'이란?

- 여러 개의 문장이 모여서 **하나의 중심 내용을 나타내는 글의 한 덩어리**를 의미함.
- 하나의 문단은 들여쓰기를 하여 나타냄.

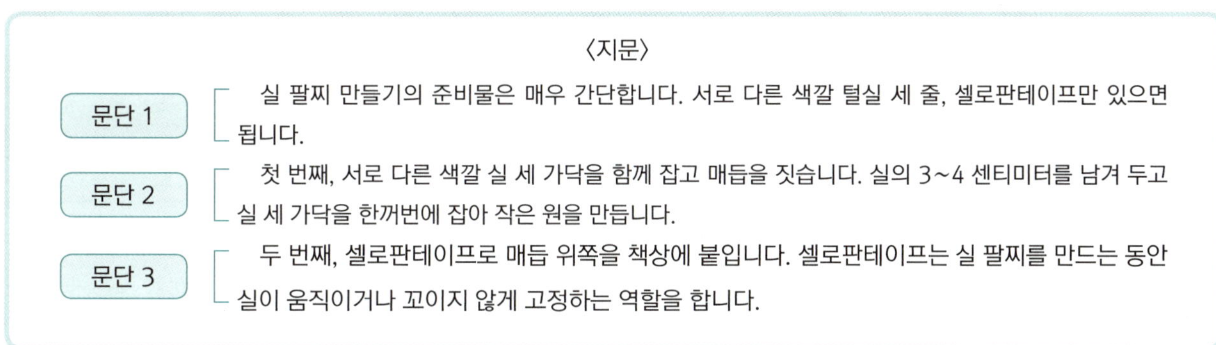

〈지문〉

문단 1: 실 팔찌 만들기의 준비물은 매우 간단합니다. 서로 다른 색깔 털실 세 줄, 셀로판테이프만 있으면 됩니다.

문단 2: 첫 번째, 서로 다른 색깔 실 세 가닥을 함께 잡고 매듭을 짓습니다. 실의 3~4 센티미터를 남겨 두고 실 세 가닥을 한꺼번에 잡아 작은 원을 만듭니다.

문단 3: 두 번째, 셀로판테이프로 매듭 위쪽을 책상에 붙입니다. 셀로판테이프는 실 팔찌를 만드는 동안 실이 움직이거나 꼬이지 않게 고정하는 역할을 합니다.

3. 하나의 문단: 여러 개의 문장으로 이루어짐

- 문단을 이루는 여러 개의 문장에는 **중심 내용**과 여러 개의 **뒷받침 내용**이 있음.
- 중심 내용은 문단의 맨 앞에 오거나, 맨 뒤에 오는 경우가 많음.
- 어떤 문단의 경우, 뒷받침 내용이 없을 수도 있음.

〈하나의 문단 안에서의 중심 내용의 위치〉

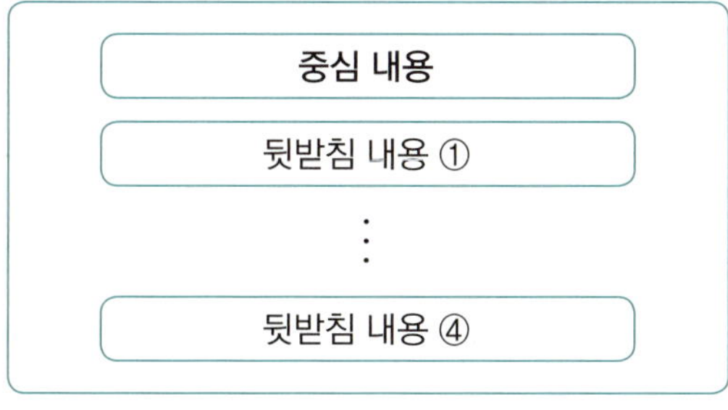

뒷받침 내용 ①

⋮

뒷받침 내용 ④

중심 내용

4. 중심 내용 파악하기 전략을 사용하여 문단별 중심 내용 파악하기

중심 내용 파악하기 전략이란?

- 중심 내용 파악하기 전략은 각 문단의 중심 낱말을 파악하고, 뒷받침 내용을 지움으로써 중심 내용을 찾을 수 있도록 도와주는 전략임.

① 그림을 보고 **중심 내용**과 **뒷받침 내용**이 무엇인지 알아봅시다.

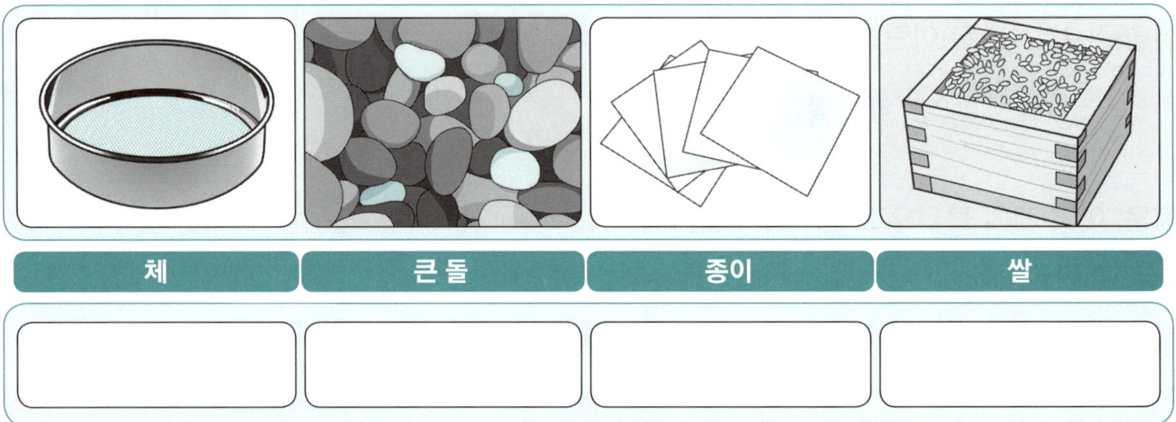

체	큰 돌	종이	쌀

▷ 체에 큰 돌, 종이, 쌀을 넣고 흔들면, 어떻게 될까요? 체에 남아 있는 것은 무엇이고, 체 밑으로 떨어지는 것은 무엇일까요?

② 체, 큰 돌, 종이, 쌀은 각각 무엇을 의미하는지 알아봅시다. 앞의 그림 아래 알맞은 말을 써넣읍시다.

체	문단
큰 돌	문단의 주인공(중심 낱말)
종이	주요한 내용
쌀	뒷받침 내용

③ '2주 3지' 전략을 알아봅시다. 빈칸에 알맞은 말을 써넣으세요.

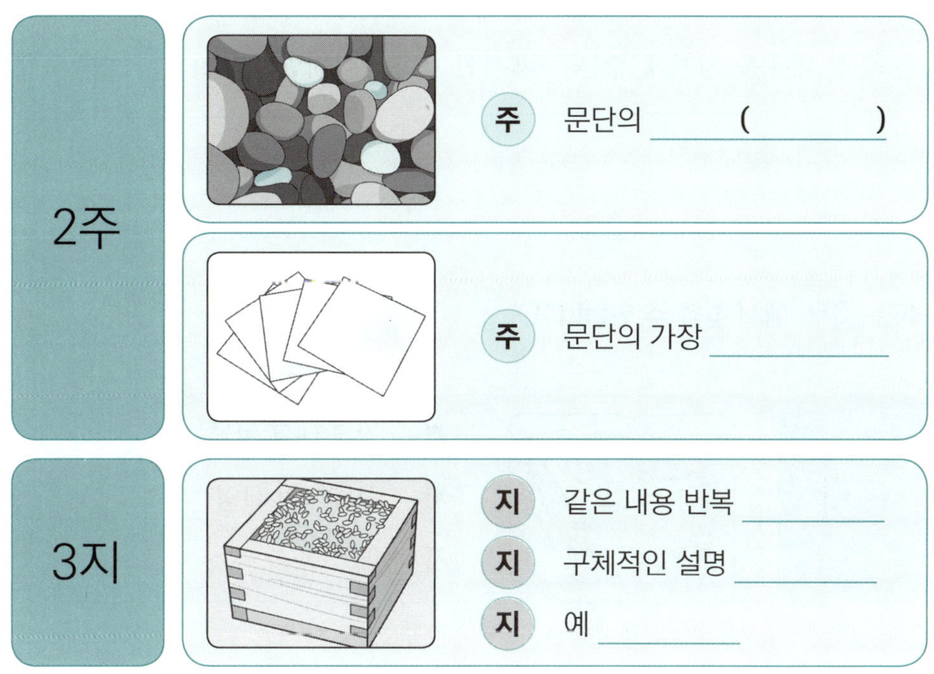

⇨ 중심 내용을 알아봅시다.

중심 내용은 2주 [________________과 ________________]를 합한 것이다.

⇨ 뒷받침 내용을 알아봅시다.

뒷받침 내용은 중심 내용을 지지해 주는 구체적인 내용들이지만, 그 자체가 중요하게 남는 것은 아니다.

뒷받침 내용은 주로 3지 에서 찾을 수 있습니다.

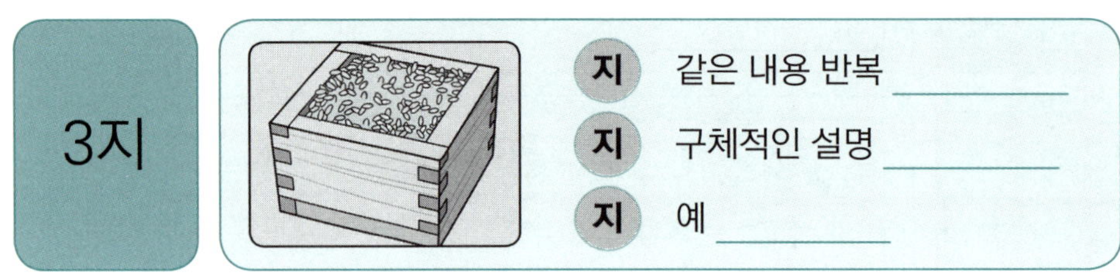

따라서,

뒷받침 내용은
(1) 중심 내용과 같은 내용을 반복하는 것이나,
(2) 중심 내용을 구체적으로 설명하는 것이나,
(3) 중심 내용에 대한 예를 들어 주는 것이다.

내용 조직하기 전략

내용 조직하기 전략이란?

- 내용 조직하기 전략(글의 구조 파악하기 전략)은 전체 글에 나타나는 조직적인 특성을 파악하는 전략임.
- 그래픽 조직자를 활용하여 전체 글의 내용을 시각적으로 조직할 수 있도록 함.
- 각 문단의 중심 내용을 바탕으로 그래픽 조직자를 활용하여 전체 내용을 조직함.

내용 간추리기 전략

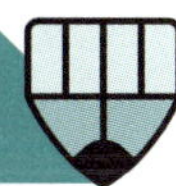

내용 간추리기 전략이란?

- 내용 간추리기 전략(요약하기 전략)은 읽은 글의 전체 내용을 종합적으로 파악하여, 필요 없는 내용은 버리고 중요한 내용에 초점을 맞추어 정리하는 것을 돕는 전략임.
- 내용 조직하기 전략을 통해 그래픽 조직자로 조직된 전체 내용을 바탕으로 전체 글을 간추림.

읽기이해 전략 적용하기

1

로봇은 여러 가지 일을 합니다. 감시용 로봇은 도둑이 집에 들어오는지 살핍니다. 해양 탐사 로봇은 바다 깊은 곳에 가서 그곳의 상태를 조사합니다. 또 의료용 로봇은 수술을 정확하게 할 수 있습니다.

출처: 2020학년도 초등학교 4학년 기초학력 진단검사 국어(G형)

중심 내용 파악하기 전략

1문단	중심 낱말
	중심 내용
	뒷받침 내용

내용 조직하기 전략

내용 간추리기 전략

내용 조직도의 주요 내용을 반영하여 글의 내용을 다시 말해 봅시다.

제목 찾기

읽기이해 질문에 답하기

㉠ 로봇은 여러 가지 일을 합니다. ㉡ 감시용 로봇은 도둑이 집에 들어오는지 살핍니다. ㉢ 해양 탐사 로봇은 바다 깊은 곳에 가서 그곳의 상태를 조사합니다. ㉣ 또 의료용 로봇은 수술을 정확하게 할 수 있습니다.

1. 윗글의 ㉠~㉣ 중 중심 문장으로 알맞은 것은? (　　)

① ㉠　② ㉡　③ ㉢　④ ㉣

2. 다음 글을 읽고 내용을 간추렸을 때 (가)에 들어갈 말로 알맞은 것은? (　　)

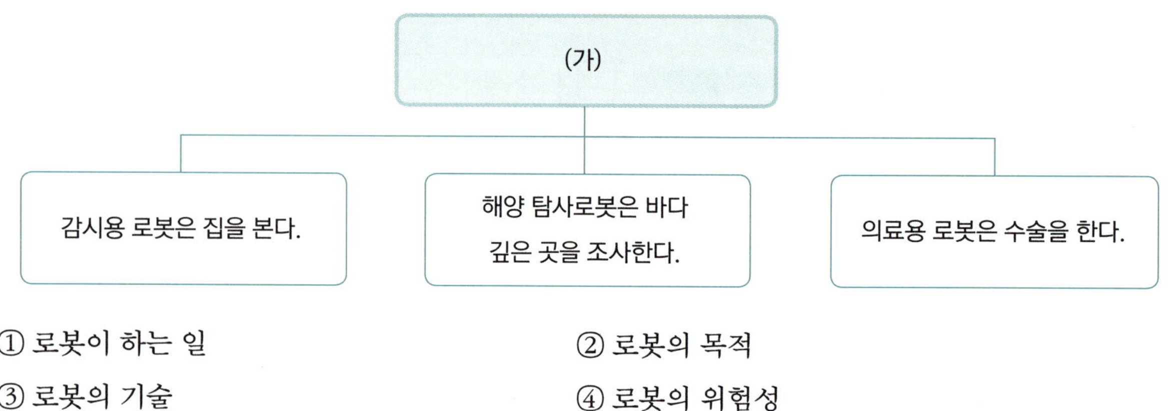

① 로봇이 하는 일　② 로봇의 목적
③ 로봇의 기술　④ 로봇의 위험성

3. 윗글에 알맞은 제목을 써 주세요.

4. 윗글의 내용을 요약해 주세요.

2

옛날 사람들이 널리 사용하던 그림인 민화에는 다양한 소재가 사용되었습니다. 민화의 소재에는 호랑이, 까치와 같은 동물이 있습니다. 또 소나무, 모란과 같은 식물이 있습니다. 그리고 해태나 용 같은 상상의 동물도 있습니다.

출처: 2021학년도 초등학교 4학년 기초학력 진단검사 국어(G형)

중심 내용 파악하기 전략

1문단	중심 낱말 중심 내용 뒷받침 내용

내용 조직하기 전략

내용 간추리기 전략

내용 조직도의 주요 내용을 반영하여 글의 내용을 다시 말해 봅시다.

제목 찾기

읽기이해 질문에 답하기

㉠ 옛날 사람들이 널리 사용하던 그림인 민화에는 다양한 소재가 사용되었습니다. ㉡ 민화의 소재에는 호랑이, 까치와 같은 동물이 있습니다. 또 ㉢ 소나무, 모란과 같은 식물이 있습니다. 그리고 ㉣ 해태나 용 같은 상상의 동물도 있습니다.

1. 윗글의 ㉠~㉣ 중 중심 문장으로 알맞은 것은? (　　)

① ㉠　　② ㉡　　③ ㉢　　④ ㉣

2. 다음 글을 읽고 내용을 간추렸을 때 (가)에 들어갈 말로 알맞은 것은? (　　)

㉠ 옛날 사람들이 널리 사용하던 그림인 민화에는 다양한 소재가 사용되었습니다. ㉡ 민화의 소재에는 호랑이, 까치와 같은 동물이 있습니다. 또 ㉢ 소나무, 모란과 같은 식물이 있습니다. 그리고 ㉣ 해태나 용 같은 상상의 동물도 있습니다.

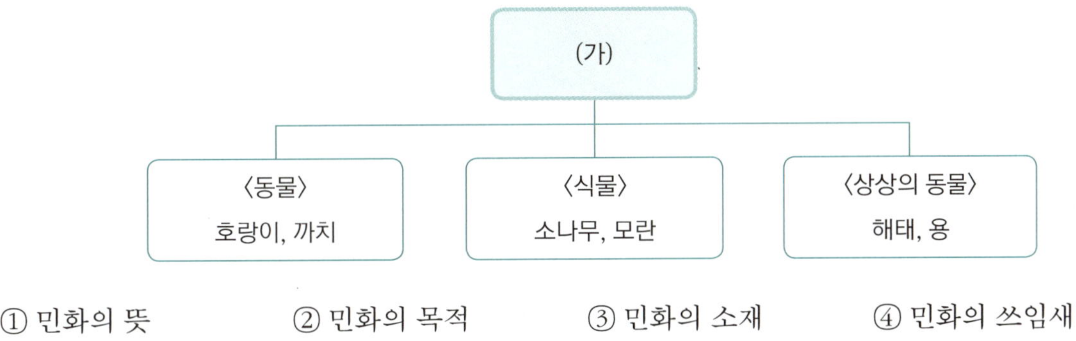

① 민화의 뜻　　② 민화의 목적　　③ 민화의 소재　　④ 민화의 쓰임새

3. 윗글에 알맞은 제목을 써 주세요.

4. 윗글의 내용을 요약해 주세요.

3

불은 원시인의 삶을 크게 바꾸어 놓았습니다. 원시인들은 불을 피워 추위를 이겨냈습니다. 불을 피워 사나운 동물의 공격도 피할 수 있었습니다. 원시인들은 불로 음식을 익혀 먹기도 했습니다.

출처: 초등학교 4학년 기초학력 향상도 검사(A01형)

중심 내용 파악하기 전략

1문단	중심 낱말
	중심 내용
	뒷받침 내용

내용 조직하기 전략

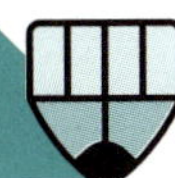

내용 간추리기 전략

내용 조직도의 주요 내용을 반영하여 글의 내용을 다시 말해 봅시다.

제목 찾기

읽기이해 질문에 답하기

㉠ 불은 원시인의 삶을 크게 바꾸어 놓았습니다. ㉡ 원시인들은 불을 피워 추위를 이겨 냈습니다. ㉢ 불을 피워 사나운 동물의 공격도 피할 수 있었습니다. ㉣ 원시인들은 불로 음식을 익혀 먹기도 했습니다.

1. 윗글의 ㉠~㉣ 중 중심 문장으로 알맞은 것은? (　　)

① ㉠　　② ㉡　　③ ㉢　　④ ㉣

2. 다음 글을 읽고 내용을 간추렸을 때 (가)에 들어갈 말로 알맞은 것은? (　　)

불은 원시인의 삶을 크게 바꾸어 놓았습니다. 원시인들은 불을 피워 추위를 이겨냈습니다. 불을 피워 사나운 동물의 공격도 피할 수 있었습니다. 원시인들은 불로 음식을 익혀 먹기도 했습니다.

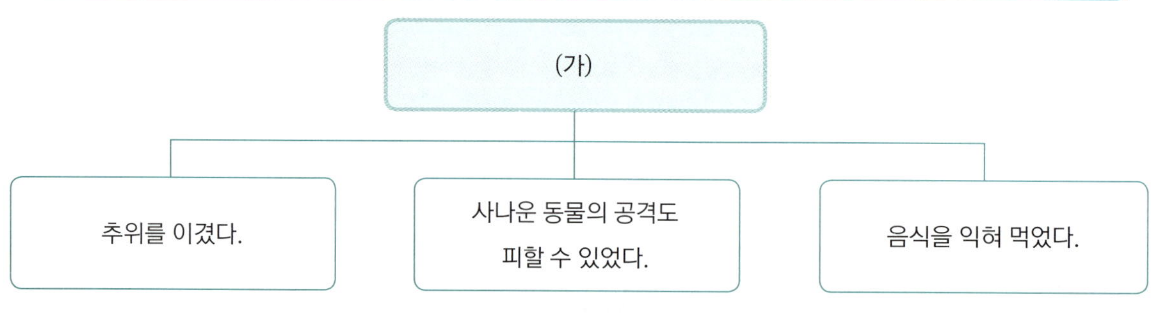

① 불이 원시인에 미친 영향　　② 불과 동물과의 관계
③ 불과 음식과의 관련성　　④ 불을 좋아한 원시인

3. 윗글에 알맞은 제목을 써 주세요.

4. 윗글의 내용을 요약해 주세요.

4

전기는 여러 가지로 우리 생활에 도움을 줍니다. 전기는 전등의 불을 밝혀 어두운 밤에도 주위를 밝게 해 줍니다. 그리고 세탁기, 선풍기 등을 움직여 우리의 생활을 편리하게 해 줍니다. 또, 전기난로가 주변을 따뜻하게 해 주는 것처럼 열을 내어 도움을 줍니다.

출처: 2021학년도 초등학교 4학년 기초학력 진단검사 국어(G형)

중심 내용 파악하기 전략

1문단	중심 낱말
	중심 내용
	뒷받침 내용

내용 조직하기 전략

내용 간추리기 전략

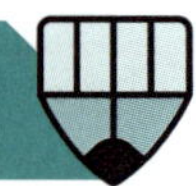

내용 조직도의 주요 내용을 반영하여 글의 내용을 다시 말해 봅시다.

제목 찾기

읽기이해 질문에 답하기

㉠ 전기는 여러 가지로 우리 생활에 도움을 줍니다. ㉡ 전기는 전등의 불을 밝혀 어두운 밤에도 주위를 밝게 해 줍니다. ㉢ 그리고 세탁기, 선풍기 등을 움직여 우리의 생활을 편리하게 해 줍니다. ㉣ 또, 전기난로가 주변을 따뜻하게 해 주는 것처럼 열을 내어 도움을 줍니다.

1. 윗글의 ㉠~㉣ 중 중심 문장으로 알맞은 것은? (　　)

① ㉠　② ㉡　③ ㉢　④ ㉣

2. 다음 글을 읽고 내용을 간추렸을 때 (가)에 들어갈 말로 알맞은 것은? (　　)

전기는 여러 가지로 우리 생활을 줍니다. 전기는 전등의 불을 밝혀 어두운 밤에도 주위를 밝게 해 줍니다. 그리고 세탁기, 선풍기 등을 움직여 우리의 생활을 편리하게 해 줍니다. 또, 전기난로가 주변을 따뜻하게 해 주는 것처럼 열을 내어 도움을 줍니다.

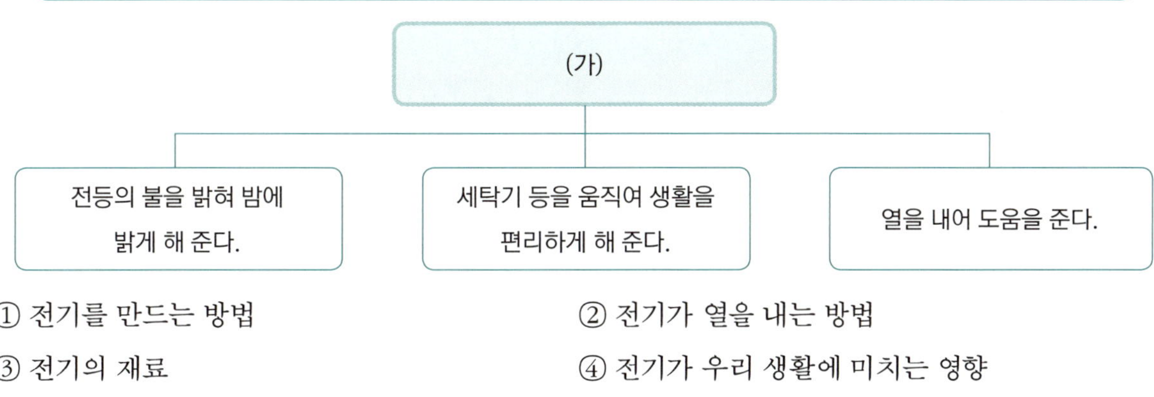

① 전기를 만드는 방법　② 전기가 열을 내는 방법

③ 전기의 재료　④ 전기가 우리 생활에 미치는 영향

3. 윗글에 알맞은 제목을 써 주세요.

4. 윗글의 내용을 요약해 주세요.

학령기 아동을 위한
읽기유창성 및 읽기이해 프로그램

콩나물 냉라면

학습 목표

- 글을 읽을 때, 적당한 부분에서 끊어서 빠르고 정확하게 읽을 수 있다.
- 글을 읽고, 중심 내용을 요약할 수 있다.

사전 평가

지시문 **앞에 있는 종이에 글이 있어요. 이제 선생님이 "시작"이라고 하면** (학생용 평가지의 첫 어절을 손가락으로 가리키고 계속해서 훑으면서 보여 주며) **처음부터 읽기 시작해서 "그만"이라고 할 때까지 최대한 정확하게, 그리고 최대한 빨리 읽으세요. 글을 읽다가 모르는 글자가 나오면 선생님이 어떻게 해야 할지 알려 줄게요. 최선을 다하세요. 질문 있어요?** (질문이 있으면 질문에 대답한다.) **준비, 시작.** (학생이 첫 어절을 말함과 동시에 초시계를 누르고 1분간 학생의 반응을 기록한 뒤 1분이 지나면 **"그만"**이라고 말한다.)

콩나물 냉라면 만드는 방법을 소개하겠습니다. 준비물로 콩나물, 라면, 양념 재료, 얼음, 물을 준비합니다. 준비가 끝나면 요리를 시작합니다.

첫 번째, 끓는 물에 면과 콩나물을 넣고 끓이다가 재료가 익으면 체에 걸러 찬물로 씻어 줍니다.

두 번째, 라면 스프에 양념 재료와 물을 넣고 섞어 양념장을 만듭니다.

세 번째, 완성된 양념장에 면과 콩나물을 넣어 비빈 후 마지막으로 얼음을 넣어 완성해 줍니다.

출처: 2021학년도 초등학교 4학년 기초학력 진단검사 국어(G형)

배경지식 활성화하기

◆ 사진을 보고, 오늘 배울 주제(콩나물 냉라면)에 대해 이미 알고 있는 것과 어떤 내용을 배울 것 같은지 등에 대해 자유롭게 말해 봅시다.

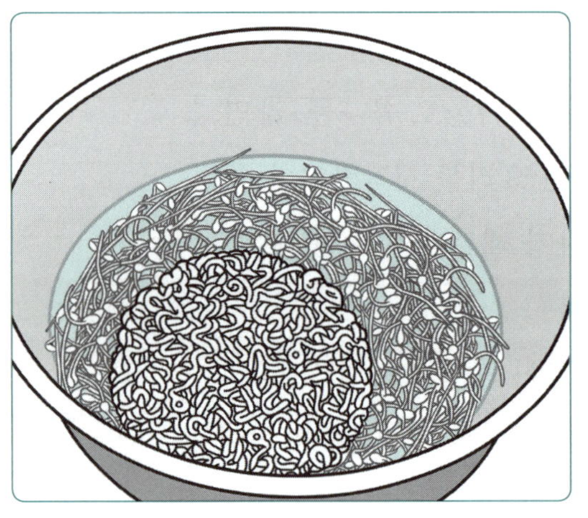

단어 학습

단어 읽기

 다음 단어를 바르게 읽어 봅시다.

끝나면	끓이다가
섞어	넣어
완성해	

어휘 익히기

 다음 단어의 뜻을 알아봅시다. 

준비가 **끝나면** 요리를 시작합니다.

단어에 대해 짐작한 뜻:

어떻게 짐작했나요?

사전적 정의

비슷한말

반대말

문장 만들기

콩나물을 넣고 **끓이다가** 재료가 익으면 체에 걸로 찬물로 씻어 줍니다.

단어에 대해 짐작한 뜻:

어떻게 짐작했나요?

사전적 정의

비슷한말

반대말

문장 만들기

양념 재료와 물을 넣고 **섞어** 양념장을 만듭니다.

단어에 대해 짐작한 뜻:

어떻게 짐작했나요?

사전적 정의

비슷한말

문장 만들기

완성된 양념장에 면과 콩나물을 **넣어** 비빈 후 얼음을 넣습니다.

단어에 대해 짐작한 뜻:

어떻게 짐작했나요?

사전적 정의

비슷한말

반대말

문장 만들기

마지막으로 얼음을 넣어 **완성해** 줍니다.

단어에 대해 짐작한 뜻:

어떻게 짐작했나요?

사전적 정의

비슷한말

반대말

문장 만들기

◆ 다음 보기에서 적절한 단어를 골라 문장을 완성하세요.

끝나면	끓이다가	섞은	완성하는	넣어

1. 나는 콩을 ________________ 밥을 별로 안 좋아한다.

2. 학교가 ________________ 집으로 바로 오거라!

3. 국이 싱거워서 소금을 ________________ 간을 맞췄다.

4. 라면을 넣고 ________________ 스프를 넣었다.

5. 이 그림을 ________________ 데 일주일이 걸렸다.

단어 반복 읽기

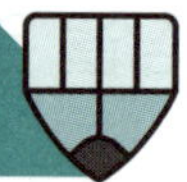

 다음 단어들을 빠르고 정확하게 읽어 봅시다. 

끝나면	끓이다가	섞어	넣어	완성해
끓이다가	섞어	넣어	완성해	끝나면
섞어	넣어	완성해	끝나면	끓이다가
넣어	완성해	끝나면	끓이다가	섞어
완성해	끝나면	끓이다가	섞어	넣어
끝나면	끓이다가	섞어	넣어	완성해
끓이다가	섞어	넣어	완성해	끝나면
섞어	넣어	완성해	끝나면	끓이다가
넣어	완성해	끝나면	끓이다가	섞어
완성해	끝나면	끓이다가	섞어	넣어

어구/절 학습

어구/절 읽기

 다음 어구를 바르게 읽어 봅시다.

콩나물 냉라면 만드는 방법을	준비가 끝나면
면과 콩나물을 넣고 끓이다가	양념 재료와 물을 넣고 섞어
면과 콩나물을 넣어 비빈 후	

어구/절 반복 읽기

 다음 어구들을 빠르고 정확하게 읽어 봅시다. 

콩나물 냉라면 만드는 방법을	준비가 끝나면	면과 콩나물을 넣고 끓이다가
양념 재료와 물을 넣고 섞어	면과 콩나물을 넣어 비빈 후	준비가 끝나면
면과 콩나물을 넣고 끓이다가	양념 재료와 물을 넣고 섞어	면과 콩나물을 넣어 비빈 후
콩나물 냉라면 만드는 방법을	면과 콩나물을 넣고 끓이다가	양념 재료와 물을 넣고 섞어
면과 콩나물을 넣어 비빈 후	콩나물 냉라면 만드는 방법을	준비가 끝나면
양념 재료와 물을 넣고 섞어	면과 콩나물을 넣어 비빈 후	콩나물 냉라면 만드는 방법을
준비가 끝나면	면과 콩나물을 넣고 끓이다가	면과 콩나물을 넣어 비빈 후
콩나물 냉라면 만드는 방법을	준비가 끝나면	면과 콩나물을 넣고 끓이다가
양념 재료와 물을 넣고 섞어	콩나물 냉라면 만드는 방법을	준비가 끝나면
면과 콩나물을 넣고 끓이다가	양념 재료와 물을 넣고 섞어	면과 콩나물을 넣어 비빈 후

글 학습

끊어서 반복 읽기

 글을 / 표시된 곳에서 끊어 읽어 봅시다. 읽을 때 빠르고 정확하게 읽도록 합시다. 

콩나물 냉라면 만드는 방법을 / 소개하겠습니다. / 준비물로 / 콩나물, 라면, 양념 재료, 얼음, 물을 / 준비합니다. / 준비가 끝나면 / 요리를 시작합니다. /

첫 번째, / 끓는 물에 / 면과 콩나물을 넣고 끓이다가 / 재료가 익으면 / 체에 걸러 / 찬물로 씻어 줍니다. /

두 번째, / 라면 스프에 / 양념 재료와 물을 넣고 섞어 / 양념장을 만듭니다. /

세 번째, / 완성된 양념장에 / 면과 콩나물을 넣어 비빈 후 / 마지막으로 / 얼음을 넣어 / 완성해 줍니다. /

읽기이해 전략 학습

◆ 글을 소리 내지 않고 읽어 봅시다.

콩나물 냉라면 만드는 방법을 소개하겠습니다. 준비물로 콩나물, 라면, 양념 재료, 얼음, 물을 준비합니다. 준비가 끝나면 요리를 시작합니다.

첫 번째, 끓는 물에 면과 콩나물을 넣고 끓이다가 재료가 익으면 체에 걸러 찬물로 씻어 줍니다.

두 번째, 라면 스프에 양념 재료와 물을 넣고 섞어 양념장을 만듭니다.

세 번째, 완성된 양념장에 면과 콩나물을 넣어 비빈 후 마지막으로 얼음을 넣어 완성해 줍니다.

중심 내용 파악하기 전략

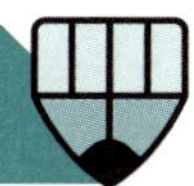

문단별 중심 내용을 파악해 봅시다.

1문단

중심 낱말

중심 내용

뒷받침 내용

2문단

중심 낱말

중심 내용

뒷받침 내용

3문단

중심 낱말

중심 내용

뒷받침 내용

4문단

중심 낱말

중심 내용

뒷받침 내용

내용 조직하기 전략

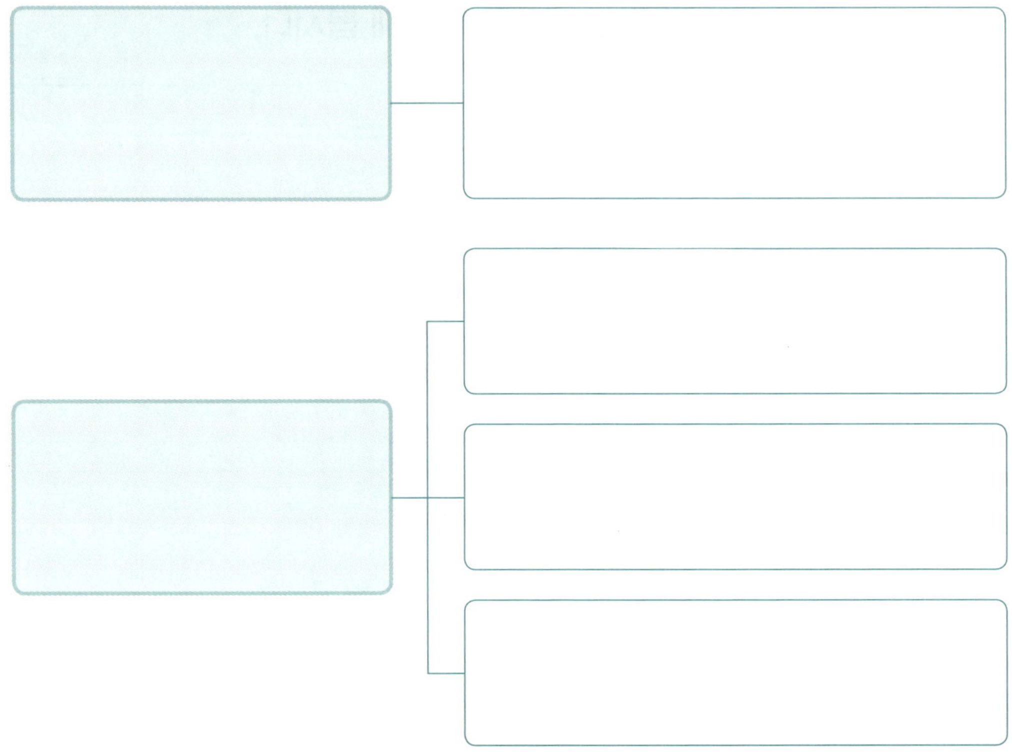

내용 간추리기 전략

내용 조직도의 주요 내용을 반영하여 글의 내용을 다시 말해 봅시다.

제목 찾기

읽기이해 질문에 답하기

콩나물 냉라면 만드는 방법을 ㉠ 소개하겠습니다. 준비물로 콩나물, ㉡ 라면, 양념 재료, 얼음, 물을 준비합니다. 준비가 끝나면 ㉢ 요리를 시작합니다.

첫 번째, 끓는 물에 면과 콩나물을 넣고 끓이다가 ㉣ 재료가 익으면 체에 걸러 찬물로 씻어 줍니다.

두 번째, 라면 스프에 양념 재료와 물을 넣고 섞어 양념장을 만듭니다.

세 번째, 완성된 양념장에 면과 콩나물을 넣어 비빈 후 마지막으로 얼음을 넣어 완성해 줍니다.

1. 윗글을 다음과 같이 간추릴 때 (가)에 들어갈 내용으로 알맞은 것은? (　　)

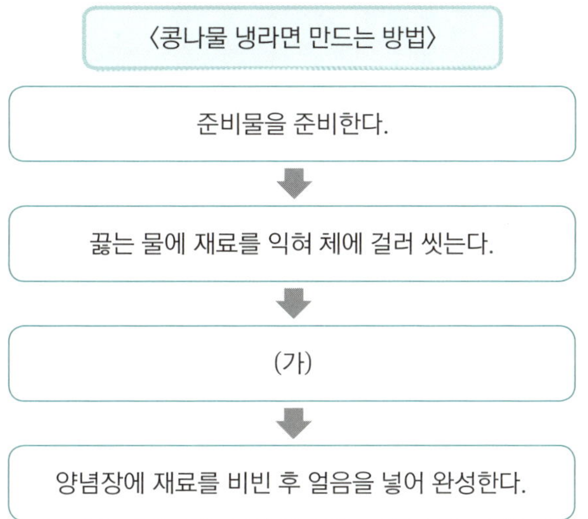

① 양념장을 만든다.
② 콩나물을 다듬어서 씻는다.
③ 물을 냉동실에 넣어 얼린다.
④ 완성된 냉라면을 그릇에 담는다.

2. 윗글의 ㉠~㉣ 중 국어사전에서 가장 앞에 실리는 낱말은? (　　)

① ㉠　　② ㉡　　③ ㉢　　④ ㉣

3. 윗글을 읽기 전에 할 일로 알맞지 않은 것은? (　　)

① 콩나물 냉라면을 먹었던 기억을 떠올려 본다.

② 글을 대강 훑어 본다.

③ 글을 읽은 후 새로 알게 된 내용을 친구들과 이야기한다.

④ 콩나물 냉라면에 대해 아는 내용을 떠올려 본다.

4. 다음의 단어를 올바르게 읽은 것은? (　　)

① 섞어[석어]　② 끓이다가[끌리다가]　③ 끝나면[끋나면]　④ 익으면[이그면]

5. 윗글에 알맞은 제목을 써 주세요.

6. 윗글의 내용을 요약해 주세요.

사후 평가

지시문 **앞에 있는 종이에 글이 있어요. 이제 선생님이 "시작"이라고 하면** (학생용 평가지의 첫 어절을 손가락으로 가리키고 계속해서 훑으면서 보여 주며) **처음부터 읽기 시작해서 "그만"이라고 할 때까지 최대한 정확하게, 그리고 최대한 빨리 읽으세요. 글을 읽다가 모르는 글자가 나오면 선생님이 어떻게 해야 할지 알려 줄게요. 최선을 다하세요. 질문 있어요?** (질문이 있으면 질문에 대답한다.) **준비, 시작.** (학생이 첫 어절을 말함과 동시에 초시계를 누르고 1분간 학생의 반응을 기록한 뒤 1분이 지나면 **"그만"**이라고 말한다.)

콩나물 냉라면 만드는 방법을 소개하겠습니다. 준비물로 콩나물, 라면, 양념 재료, 얼음, 물을 준비합니다. 준비가 끝나면 요리를 시작합니다.

첫 번째, 끓는 물에 면과 콩나물을 넣고 끓이다가 재료가 익으면 체에 걸러 찬물로 씻어 줍니다.

두 번째, 라면 스프에 양념 재료와 물을 넣고 섞어 양념장을 만듭니다.

세 번째, 완성된 양념장에 면과 콩나물을 넣어 비빈 후 마지막으로 얼음을 넣어 완성해 줍니다.

학령기 아동을 위한
읽기유창성 및 읽기이해 프로그램

실팔찌

학습 목표

- 글을 읽을 때, 적당한 부분에서 끊어서 빠르고 정확하게 읽을 수 있다.
- 글을 읽고, 중심 내용을 요약할 수 있다.

사전 평가

지시문 **앞에 있는 종이에 글이 있어요. 이제 선생님이 "시작"이라고 하면** (학생용 평가지의 첫 어절을 손가락으로 가리키고 계속해서 훑으면서 보여 주며) **처음부터 읽기 시작해서 "그만"이라고 할 때까지 최대한 정확하게, 그리고 최대한 빨리 읽으세요. 글을 읽다가 모르는 글자가 나오면 선생님이 어떻게 해야 할지 알려 줄게요. 최선을 다하세요. 질문 있어요?** (질문이 있으면 질문에 대답한다.) **준비, 시작.** (학생이 첫 어절을 말함과 동시에 초시계를 누르고 1분간 학생의 반응을 기록한 뒤 1분이 지나면 **"그만"**이라고 말한다.)

실 팔찌 만들기의 준비물은 매우 간단합니다. 서로 다른 색깔 털실 세 줄, 셀로판테이프만 있으면 됩니다.

첫 번째, 서로 다른 색깔 실 세 가닥을 함께 잡고 매듭을 짓습니다. 실의 3~4 센티미터를 남겨 두고 실 세 가닥을 한꺼번에 잡아 작은 원을 만듭니다.

두 번째, 셀로판테이프로 매듭 위쪽을 책상에 붙입니다. 셀로판테이프는 실 팔찌를 만드는 동안 실이 움직이거나 꼬이지 않게 고정하는 역할을 합니다.

세 번째, 실 세 가닥을 잡고 세 가닥 땋기를 합니다. 이때 자신이 원하는 길이보다 길게 땋아야 합니다. 손목 둘레의 두세 배 정도 길이로 땋는 것이 좋습니다.

네 번째, 땋은 실 끝 쪽에 매듭을 짓습니다. 매듭은 첫 번째 매듭을 만들 때 사용한 법으로 지으며 자신이 땋은 부분이 끝나는 곳보다 좀 더 앞쪽에 짓습니다.

마지막으로 양쪽 끝을 연결합니다.

출처: 초등학교 4학년 기초학력 향상도 검사(A01형)

배경지식 활성화하기

◆ 사진을 보고, 오늘 배울 주제(실 팔찌)에 대해 이미 알고 있는 것과 어떤 내용을 배울 것 같은지 등에 대해 자유롭게 말해 봅시다.

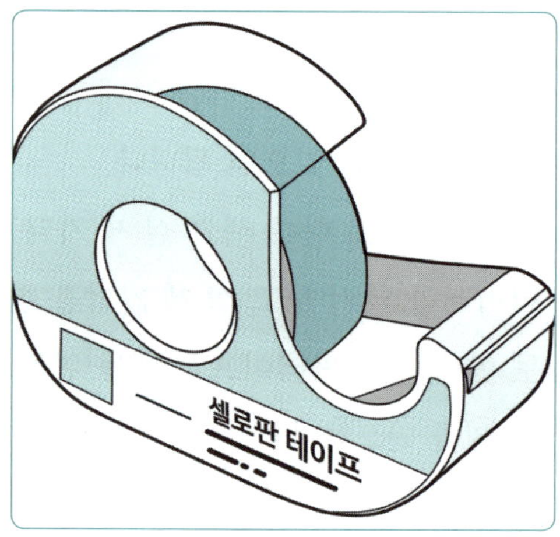

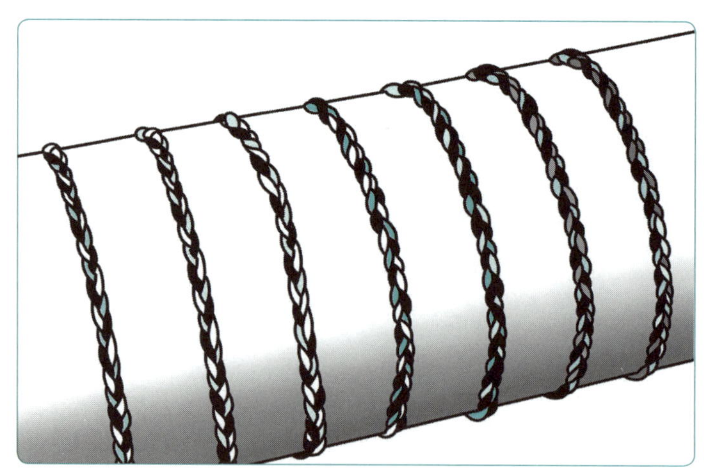

단어 학습

단어 읽기

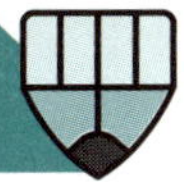

 다음 단어를 바르게 읽어 봅시다.

간단합니다	매듭
고정하는	역할
딸기	

어휘 익히기

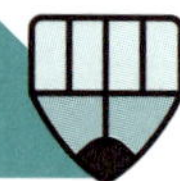

 다음 단어의 뜻을 알아봅시다. 

실 팔찌 만들기의 준비물은 매우 **간단합니다**.

단어에 대해 짐작한 뜻:

어떻게 짐작했나요?

사전적 정의

비슷한말

반대말

문장 만들기

서로 다른 색깔 실 세 가닥을 함께 잡고 **매듭**을 짓습니다.

단어에 대해 짐작한 뜻:

어떻게 짐작했나요?

사전적 정의

비슷한말

문장 만들기

셀로판테이프는 실이 움직이거나 꼬이지 않게 **고정하는** 역할을 합니다.

단어에 대해 짐작한 뜻:

어떻게 짐작했나요?

사전적 정의

비슷한말

문장 만들기

실이 움직이거나 꼬이지 않게 고정하는 **역할**을 합니다.

단어에 대해 짐작한 뜻:

어떻게 짐작했나요?

사전적 정의

비슷한말

문장 만들기

실 세 가닥을 잡고 세 가닥 **땋기**를 합니다.

단어에 대해 짐작한 뜻:

어떻게 짐작했나요?

사전적 정의

문장 만들기

◆ 다음 보기에서 적절한 단어를 골라 문장을 완성하세요.

간단하다　　매듭　　고정하다　　역할　　땋아

1. 이 다리는 육지와 섬을 이어 주는 ______________을 한다.

2. 팔찌 ______________이 풀리지 않도록 두 번 묶었다.

3. 엄마가 내 머리를 세 갈래로 ______________ 주셨다.

4. 라면을 끓이는 방법은 매우 ______________ .

5. 머리카락이 흘러내리지 않게 머리핀으로 ______________ .

단어 반복 읽기

 다음 단어들을 빠르고 정확하게 읽어 봅시다. 

간단합니다	매듭	고정하는	역할을	딸기
땋은	간단합니다	매듭	고정하는	역할을
딸기	땋은	간단합니다	매듭	고정하는
역할을	딸기	땋은	간단합니다	매듭
고정하는	역할을	딸기	땋은	간단합니다
매듭	고정하는	역할을	딸기	땋은
간단합니다	매듭	고정하는	역할을	딸기
땋은	간단합니다	매듭	고정하는	역할을
딸기	땋은	간단합니다	매듭	고정하는
역할을	딸기	땋은	간단합니다	매듭

어구/절 읽기

 다음 어구를 바르게 읽어 봅시다. 

실 팔찌 만들기의 준비물은	세 가닥을 한꺼번에 잡아
실을 움직이거나 꼬이지 않게	손목 둘레의 두세 배 정도 길이로
자신이 땋은 부분이 끝나는 곳보다	

어구/절 반복 읽기

 다음 어구들을 빠르고 정확하게 읽어 봅시다.

실 팔찌 만들기의 준비물은	세 가닥을 한꺼번에 잡아	실을 움직이거나 꼬이지 않게
손목 둘레의 두세 배 정도 길이로	자신이 땋은 부분이 끝나는 곳보다	실 팔찌 만들기의 준비물은
세 가닥을 한꺼번에 잡아	실을 움직이거나 꼬이지 않게	손목 둘레의 두세 배 정도 길이로
자신이 땋은 부분이 끝나는 곳보다	실 팔찌 만들기의 준비물은	세 가닥을 한꺼번에 잡아
실을 움직이거나 꼬이지 않게	손목 둘레의 두세 배 정도 길이로	자신이 땋은 부분이 끝나는 곳보다
실 팔찌 만들기의 준비물은	세 가닥을 한꺼번에 잡아	실을 움직이거나 꼬이지 않게
손목 둘레의 두세 배 정도 길이로	자신이 땋은 부분이 끝나는 곳보다	실 팔찌 만들기의 준비물은
세 가닥을 한꺼번에 잡아	실을 움직이거나 꼬이지 않게	손목 둘레의 두세 배 정도 길이로
자신이 땋은 부분이 끝나는 곳보다	실 팔찌 만들기의 준비물은	세 가닥을 한꺼번에 잡아
실을 움직이거나 꼬이지 않게	손목 둘레의 두세 배 정도 길이로	자신이 땋은 부분이 끝나는 곳보다

끊어서 반복 읽기

글을 / 표시된 곳에서 끊어 읽어 봅시다. 읽을 때 빠르고 정확하게 읽도록 합시다.

실 팔찌 만들기의 준비물은 / 매우 간단합니다. / 서로 다른 색깔 / 털실 세 줄, / 셀로판테이프만 / 있으면 됩니다./

첫 번째, / 서로 다른 색깔 실 / 세 가닥을 함께 잡고 / 매듭을 짓습니다. / 실의 3~4센티미터를 남겨 두고 / 실 세 가닥을 한꺼번에 잡아 / 작은 원을 만듭니다. /

두 번째, / 셀로판테이프로 / 매듭 위쪽을 / 책상에 붙입니다. / 셀로판테이프는/ 실 팔찌를 만드는 동안 / 실이 움직이거나 꼬이지 않게 / 고정하는 역할을 합니다. /

세 번째, / 실 세 가닥을 잡고 / 세 가닥 땋기를 합니다. / 이때 / 자신이 원하는 길이보다 / 길게 땋아야 합니다. / 손목 둘레의 두세 배 정도 길이로 / 땋는 것이 / 좋습니다. /

네 번째, / 땋은 실 끝 쪽에 / 매듭을 짓습니다. / 매듭은 / 첫 번째 매듭을 만들 때 / 사용한 법으로 지으며 / 자신이 땋은 부분이 끝나는 곳보다 / 좀 더 앞쪽에 짓습니다. / 마지막으로 / 양쪽 끝을 연결합니다. /

읽기이해 전략 학습

◆ 글을 소리 내지 않고 읽어 봅시다.

실 팔찌 만들기의 준비물은 매우 간단합니다. 서로 다른 색깔 털실 세 줄, 셀로판테이프만 있으면 됩니다.

첫 번째, 서로 다른 색깔 실 세 가닥을 함께 잡고 매듭을 짓습니다. 실의 3~4센티미터를 남겨 두고 실 세 가닥을 한꺼번에 잡아 작은 원을 만듭니다.

두 번째, 셀로판테이프로 매듭 위쪽을 책상에 붙입니다. 셀로판테이프는 실 팔찌를 만드는 동안 실이 움직이거나 꼬이지 않게 고정하는 역할을 합니다.

세 번째, 실 세 가닥을 잡고 세 가닥 땋기를 합니다. 이때 자신이 원하는 길이보다 길게 땋아야 합니다. 손목 둘레의 두세 배 정도 길이로 땋는 것이 좋습니다.

네 번째, 땋은 실 끝 쪽에 매듭을 짓습니다. 매듭은 첫 번째 매듭을 만들 때 사용한 방법으로 지으며 자신이 땋은 부분이 끝나는 곳보다 좀 더 앞쪽에 짓습니다.

마지막으로 양쪽 끝을 연결합니다.

중심 내용 파악하기 전략

문단별 중심 내용을 파악해 봅시다.

1문단

중심 낱말

중심 내용

뒷받침 내용

2문단

중심 낱말

중심 내용

뒷받침 내용

3문단

중심 낱말

중심 내용

뒷받침 내용

4문단

중심 낱말

중심 내용

뒷받침 내용

5문단

중심 낱말

중심 내용

뒷받침 내용

6문단

중심 낱말

중심 내용

뒷받침 내용

내용 조직하기 전략

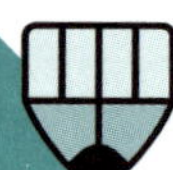

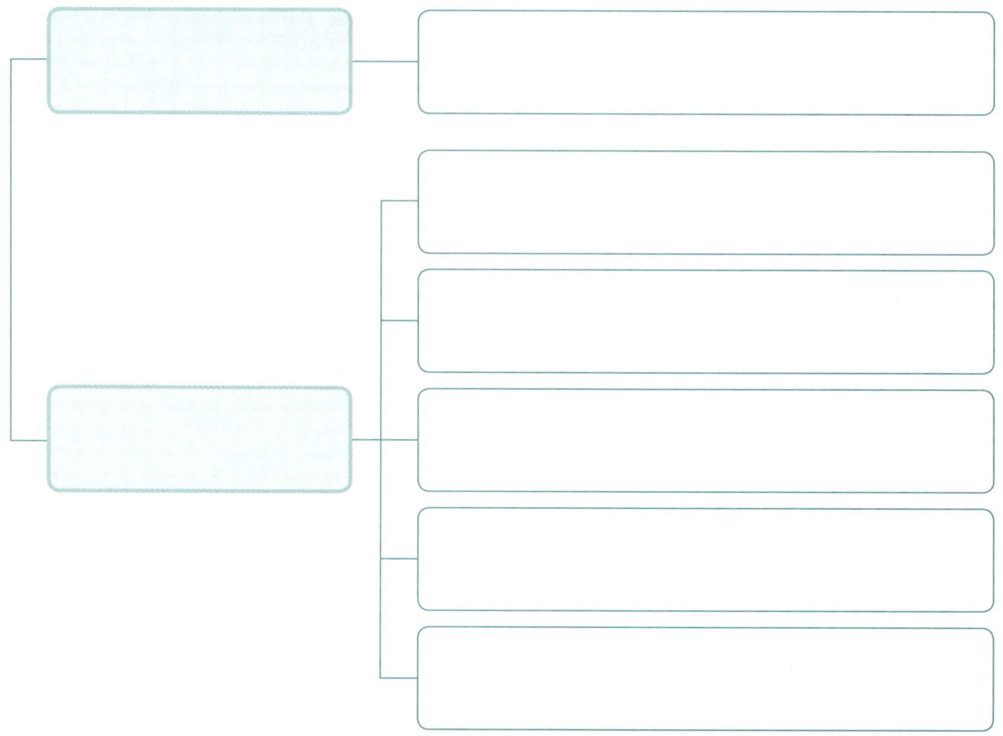

내용 간추리기 전략

내용 조직도의 주요 내용을 반영하여 글의 내용을 다시 말해 봅시다.

제목 찾기

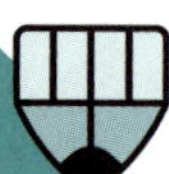

읽기이해 질문에 답하기

(a)

실 팔찌 만들기의 준비물은 매우 간단합니다. 서로 다른 색깔 털실 세 줄, 셀로판테이프만 있으면 됩니다.

첫 번째, 서로 다른 색깔 실 세 가닥을 함께 잡고 매듭을 짓습니다. 실의 3~4센티미터를 남겨 두고 실 세 가닥을 한꺼번에 잡아 작은 원을 만듭니다.

두 번째, 셀로판테이프로 매듭 위쪽을 책상에 붙입니다. 셀로판테이프는 실 팔찌를 만드는 동안 실이 움직이거나 꼬이지 않게 고정하는 역할을 합니다.

세 번째, 실 세 가닥을 잡고 세 가닥 땋기를 합니다. 이때 자신이 원하는 길이보다 길게 땋아야 합니다. 손목 둘레의 두세 배 정도 길이로 땋는 것이 좋습니다.

네 번째, 땋은 실 끝 쪽에 매듭을 짓습니다. 매듭은 첫 번째 매듭을 만들 때 사용한 방법으로 지으며 자신이 땋은 부분이 끝나는 곳보다 좀 더 앞쪽에 짓습니다.

마지막으로 양쪽 끝을 연결합니다.

1. 윗글의 실 팔찌 만들기 과정을 다음과 같이 간추릴 때 (가)에 들어갈 내용으로 알맞은 것은? (　　)

1 서로 다른 색 실 세 가닥을 매듭짓는다.

2 셀로판테이프로 매듭 위쪽을 책상에 붙인다.

3 (가)

4 땋은 실 끝 쪽에 매듭을 짓습니다.

① 자신이 땋은 부분의 양 끝을 연결한다.
② 실 세 가닥을 잡고 세 가닥 땋기를 한다.
③ 실의 3~4센티미터를 남겨 두고 매듭을 짓는다.
④ 땋은 부분이 끝나는 곳보다 양쪽에 매듭을 짓는다.

2. 다음의 ⓐ~ⓓ 중 학생 1이 말한 '목적어'에 해당하는 것으로 알맞은 것은? (　　)

학생 1: '목적어'는 문장에서 '무엇을'에 해당하는 부분이다.

매듭은 첫 번째 매듭을(ⓐ) 만들 때 사용한(ⓑ) 방법으로 지으며 자신이 땋은 부분이(ⓒ) 끝나는 곳보다 좀 더 앞쪽에 짓습니다(ⓓ).

① ⓐ　　② ⓑ　　③ ⓒ　　④ ⓓ

3. 빈칸 (a)에 들어갈 문장으로 알맞은 것은? (　　)

① 실 팔찌를 만들기 위한 준비물과 만드는 방법을 소개하겠습니다.

② 실 팔찌는 서로 다른 색깔 털실 세 줄로 만듭니다.

③ 실 팔찌는 실 세 가닥을 잡고 땋기를 하여 만듭니다.

④ 실 팔찌를 만들기 위한 준비물을 소개하겠습니다.

4. 다음의 단어를 올바르게 읽은 것은? (　　)

① 땋아야[딴아야]　　② 매듭을[매드블]

③ 끝나는[끝나는]　　④ 있으면[인으면]

5. 윗글에 알맞은 제목을 써 주세요.

6. 윗글의 내용을 요약해 주세요.

사후 평가

지시문 **앞에 있는 종이에 글이 있어요. 이제 선생님이 "시작"이라고 하면** (학생용 평가지의 첫 어절을 손가락으로 가리키고 계속해서 훑으면서 보여 주며) **처음부터 읽기 시작해서 "그만"이라고 할 때까지 최대한 정확하게, 그리고 최대한 빨리 읽으세요. 글을 읽다가 모르는 글자가 나오면 선생님이 어떻게 해야 할지 알려 줄게요. 최선을 다하세요. 질문 있어요?** (질문이 있으면 질문에 대답한다.) **준비, 시작.** (학생이 첫 어절을 말함과 동시에 초시계를 누르고 1분간 학생의 반응을 기록한 뒤 1분이 지나면 **"그만"**이라고 말한다.)

실 팔찌 만들기의 준비물은 매우 간단합니다. 서로 다른 색깔 털실 세 줄, 셀로판테이프만 있으면 됩니다.

첫 번째, 서로 다른 색깔 실 세 가닥을 함께 잡고 매듭을 짓습니다. 실의 3~4 센티미터를 남겨 두고 실 세 가닥을 한꺼번에 잡아 작은 원을 만듭니다.

두 번째, 셀로판테이프로 매듭 위쪽을 책상에 붙입니다. 셀로판테이프는 실 팔찌를 만드는 동안 실이 움직이거나 꼬이지 않게 고정하는 역할을 합니다.

세 번째, 실 세 가닥을 잡고 세 가닥 땋기를 합니다. 이때 자신이 원하는 길이보다 길게 땋아야 합니다. 손목 둘레의 두세 배 정도 길이로 땋는 것이 좋습니다.

네 번째, 땋은 실 끝 쪽에 매듭을 짓습니다. 매듭은 첫 번째 매듭을 만들 때 사용한 법으로 지으며 자신이 땋은 부분이 끝나는 곳보다 좀 더 앞쪽에 짓습니다.

마지막으로 양쪽 끝을 연결합니다.

학령기 아동을 위한
읽기유창성 및 읽기이해 프로그램

직업에 따른 옷

학습 목표

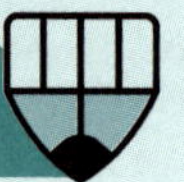

- 글을 읽을 때, 적당한 부분에서 끊어서 빠르고 정확하게 읽을 수 있다.
- 글을 읽고, 중심 내용을 요약할 수 있다.

사전 평가

지시문 **앞에 있는 종이에 글이 있어요. 이제 선생님이 "시작"이라고 하면** (학생용 평가지의 첫 어절을 손가락으로 가리키고 계속해서 훑으면서 보여 주며) **처음부터 읽기 시작해서 "그만"이라고 할 때까지 최대한 정확하게, 그리고 최대한 빨리 읽으세요. 글을 읽다가 모르는 글자가 나오면 선생님이 어떻게 해야 할지 알려 줄게요. 최선을 다하세요. 질문 있어요?** (질문이 있으면 질문에 대답한다.) **준비, 시작.** (학생이 첫 어절을 말함과 동시에 초시계를 누르고 1분간 학생의 반응을 기록한 뒤 1분이 지나면 "**그만**"이라고 말한다.)

사람은 직업에 따라 고유한 색깔 옷을 입기도 한다. 직업의 특성에 따라
특정 색깔의 옷이 일을 하는 네 도움이 되기 때문이다.

의사나 간호사는 보통 흰색 옷을 입는다. 감염에 민감한 환자들이 있는 병원에서는
위생이 매우 중요한 문제이기 때문이다. 흰색 옷은 옷이 더러워졌을 때
이를 쉽게 알아차릴 수 있게 해 준다.

법관은 검은색 옷을 입는다. 예전 서양에서는 신분에 따라 입을 수 있는 옷
색깔이 정해져 있었지만, 검은색 옷은 누구나 입을 수 있었다. 법관의 검은색
옷은 법 앞에서 모든 사람이 평등하다는 뜻을 나타내며, 다른 것에 물들지 않고
공정하게 재판해야 한다는 의미를 담고 있다.

출처: 초등학교 6학년 기초학력 향상도 검사(A01형)

배경지식 활성화하기

◆ 사진을 보고, 오늘 배울 주제(직업에 따른 옷)에 대해 이미 알고 있는 것과 어떤 내용을 배울 것 같은지 등에 대해 자유롭게 말해 봅시다.

단어 학습

단어 읽기

 다음 단어를 바르게 읽어 봅시다.

고유한	감염
민감한	위생
신분	공정하게

어휘 익히기

 다음 단어의 뜻을 알아봅시다. 

사람은 직업에 따라 **고유한** 색깔 옷을 입기도 한다.

단어에 대해 짐작한 뜻:

어떻게 짐작했나요?

사전적 정의

비슷한말

감염에 민감한 환자들이 있는 병원에서는 위생이 매우 중요한 문제다.

단어에 대해 짐작한 뜻:

어떻게 짐작했나요?

사전적 정의

비슷한말

문장 만들기

감염에 **민감한** 환자들이 있는 병원에서는 위생이 매우 중요한 문제다.

단어에 대해 짐작한 뜻:

어떻게 짐작했나요?

사전적 정의

비슷한말

반대말

문장 만들기

병원에서는 **위생**이 매우 중요한 문제다.

단어에 대해 짐작한 뜻:

어떻게 짐작했나요?

사전적 정의

반대말

문장 만들기

예전 서양에서는 **신분**에 따라 입을 수 있는 옷 색깔이 정해져 있었다.

단어에 대해 짐작한 뜻:

어떻게 짐작했나요?

사전적 정의

비슷한말

문장 만들기

다른 것에 물들지 않고 **공정하게** 재판해야 한다는 의미를 담고 있다.

단어에 대해 짐작한 뜻:

어떻게 짐작했나요?

사전적 정의

비슷한말

반대말

문장 만들기

◆ 다음 보기에서 적절한 단어를 골라 문장을 완성하세요.

고유한	감염	민감한	위생	신분	공정하게

1. 그는 매우 ____________ 미각을 지녀서 음식 맛을 매우 잘 느낀다.

2. 재판은 ____________ 해야 한다.

3. 코로나19 바이러스 ____________을 막기 위해 예방 접종을 하였다.

4. 조선 시대에는 ____________에 따라 백성을 양반, 상민, 노비 등으로 구별하였다.

5. 한복은 우리 민족의 ____________ 의상이다.

6. 감기에 걸리지 않기 위해서는 개인 ____________ 관리를 철저히 해야 한다.

단어 반복 읽기

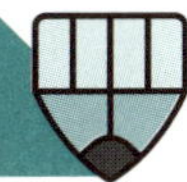

 다음 단어들을 빠르고 정확하게 읽어 봅시다.

고유한	감염	민감한	위생	신분
공정하게	고유한	감염	민감한	위생
신분	공정하게	고유한	감염	민감한
위생	신분	공정하게	고유한	감염
민감한	위생	신분	공정하게	고유한
감염	민감한	위생	신분	공정하게
고유한	감염	민감한	위생	신분
공정하게	고유한	감염	민감한	위생
신분	공정하게	고유한	감염	민감한
위생	신분	공정하게	고유한	감염

어구/절 학습

어구/절 읽기

 다음 어구를 바르게 읽어 봅시다. 

직업의 특성에 따라	일을 하는 데 도움이 되기 때문이다.
감염에 민감한	신분에 따라 입을 수 있는
모든 사람이 평등하다는 뜻을 나타내며	공정하게 재판해야 한다는

어구/절 반복 읽기

 다음 어구들을 빠르고 정확하게 읽어 봅시다.

직업의 특성에 따라	일을 하는 데 도움이 되기 때문이다.	감염에 민감한
신분에 따라 입을 수 있는	모든 사람이 평등하다는 뜻을 나타내며	공정하게 재판해야 한다는
일을 하는 데 도움이 되기 때문이다.	감염에 민감한	신분에 따라 입을 수 있는
모든 사람이 평등하다는 뜻을 나타내며	공정하게 재판해야 한다는	직업의 특성에 따라
감염에 민감한	신분에 따라 입을 수 있는	모든 사람이 평등하다는 뜻을 나타내며
공정하게 재판해야 한다는	직업의 특성에 따라	일을 하는 데 도움이 되기 때문이다.
신분에 따라 입을 수 있는	모든 사람이 평등하다는 뜻을 나타내며	공정하게 재판해야 한다는
일을 하는 데 도움이 되기 때문이다.	감염에 민감한	신분에 따라 입을 수 있는
모든 사람이 평등하다는 뜻을 나타내며	공정하게 재판해야 한다는	직업의 특성에 따라
감염에 민감한	신분에 따라 입을 수 있는	모든 사람이 평등하다는 뜻을 나타내며

글 학습

끊어서 반복 읽기

 글을 / 표시된 곳에서 끊어 읽어 봅시다. 읽을 때 빠르고 정확하게 읽도록 합시다. 

사람은 / 직업에 따라 / 고유한 색깔 옷을 입기도 한다. / 직업의 특성에 따라 / 특정 색깔의 옷이 / 일을 하는 데 도움이 되기 때문이다. /

의사나 간호사는 / 보통 흰색 옷을 입는다. / 감염에 민감한 / 환자들이 있는 병원에서는 / 위생이 / 매우 중요한 문제이기 때문이다. / 흰색 옷은 / 옷이 더러워졌을 때 / 이를 쉽게 알아차릴 수 있게 해 준다. /

법관은 / 검은색 옷을 입는다. / 예전 서양에서는 / 신분에 따라 입을 수 있는 / 옷 색깔이 / 정해져 있었지만, / 검은색 옷은 / 누구나 입을 수 있었다. / 법관의 검은색 옷은 / 법 앞에서 / 모든 사람이 평등하다는 뜻을 나타내며, / 다른 것에 물들지 않고 / 공정하게 재판해야 한다는 / 의미를 담고 있다. /

읽기이해 전략 학습

◆ 글을 소리 내지 않고 읽어 봅시다.

사람은 직업에 따라 고유한 색깔 옷을 입기도 한다. 직업의 특성에 따라 특정 색깔의 옷이 일을 하는 데 도움이 되기 때문이다.

의사나 간호사는 보통 흰색 옷을 입는다. 감염에 민감한 환자들이 있는 병원에서는 위생이 매우 중요한 문제이기 때문이다. 흰색 옷은 옷이 더러워졌을 때 이를 쉽게 알아차릴 수 있게 해 준다.

법관은 검은색 옷을 입는다. 예전 서양에서는 신분에 따라 입을 수 있는 옷 색깔이 정해져 있었지만, 검은색 옷은 누구나 입을 수 있었다. 법관의 검은색 옷은 법 앞에서 모든 사람이 평등하다는 뜻을 나타내며, 다른 것에 물들지 않고 공정하게 재판해야 한다는 의미를 담고 있다.

중심 내용 파악하기 전략

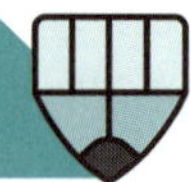

문단별 중심 내용을 파악해 봅시다.

1문단

중심 낱말

중심 내용

뒷받침 내용

2문단

중심 낱말

중심 내용

뒷받침 내용

3문단

중심 낱말

중심 내용

뒷받침 내용

내용 조직하기 전략

내용 간추리기 전략

내용 조직도의 주요 내용을 반영하여 글의 내용을 다시 말해 봅시다.

제목 찾기

읽기이해 질문에 답하기

사람은 직업에 따라 고유한 색깔 옷을 입기도 한다. 직업의 특성에 따라 특정 색깔의 옷이 일을 하는 데 도움이 되기 때문이다.

의사나 간호사는 보통 흰색 옷을 입는다. 감염에 민감한 환자들이 있는 병원에서는 위생이 매우 중요한 문제이기 때문이다. 흰색 옷은 옷이 더러워졌을 때 이를 쉽게 알아차릴 수 있게 해 준다.

법관은 검은색 옷을 입는다. 예전 서양에서는 신분에 따라 입을 수 있는 옷 색깔이 정해져 있었지만, 검은색 옷은 누구나 입을 수 있었다. ㉠ 법관의 검은색 옷은 법 앞에서 모든 사람이 평등하다는 뜻을 나타내며, 다른 것에 물들지 않고 공정하게 재판해야 한다는 의미를 담고 있다.

1. 윗글을 읽는 방법으로 알맞지 않은 것은? (　　)

① 글쓴이의 주장과 근거를 파악한다.
② 무엇을 설명하는 글인지 생각한다.
③ 알고 있는 내용이 무엇인지 생각한다.
④ 읽고 난 후 새롭게 알게 된 내용을 생각한다.

2. 다음 빈칸 (가)에 들어갈 뒷받침 문장으로 알맞은 것은? (　　)

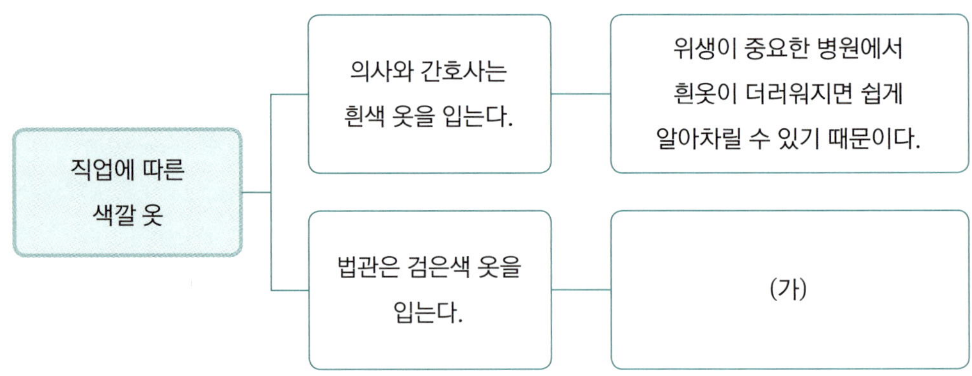

① 감염에 민감한 환자들이 병원에 있기 때문이다.
② 신분에 따라 입을 수 있는 옷 색깔이 다르기 때문이다.
③ 검정 옷은 누구나 입을 수 있기 때문이다.
④ 검은색 옷은 법 앞에서는 모든 사람이 평등하다는 뜻이기 때문이다.

3. 다음의 단어를 올바르게 읽은 것은? (　　)

① 입기도[입끼도]

② 옷이[옷이]

③ 쉽게[쉽게]

④ 않고[안꼬]

4. 윗글의 ㉠을 자세히 읽어야 하는 사람은? (　　)

① 나원: 간호사가 하는 일을 알고 싶어.

② 승주: 법관의 검은색 옷의 의미를 알고 싶어.

③ 준희: 의사가 흰색 옷을 입는 이유를 알고 싶어.

④ 호영: 우리 반 친구들이 좋아하는 색을 알고 싶어.

5. 윗글에 알맞은 제목을 써 주세요.

6. 윗글의 내용을 요약해 주세요.

사후 평가

지시문 **앞에 있는 종이에 글이 있어요. 이제 선생님이 "시작"이라고 하면** (학생용 평가지의 첫 어절을 손가락으로 가리키고 계속해서 훑으면서 보여 주며) **처음부터 읽기 시작해서 "그만"이라고 할 때까지 최대한 정확하게, 그리고 최대한 빨리 읽으세요. 글을 읽다가 모르는 글자가 나오면 선생님이 어떻게 해야 할지 알려 줄게요. 최선을 다하세요. 질문 있어요?** (질문이 있으면 질문에 대답한다.) **준비, 시작.** (학생이 첫 어절을 말함과 동시에 초시계를 누르고 1분간 학생의 반응을 기록한 뒤 1분이 지나면 "**그만**"이라고 말한다.)

사람은 직업에 따라 고유한 색깔 옷을 입기도 한다. 직업의 특성에 따라 특정 색깔의 옷이 일을 하는 데 도움이 되기 때문이다.

의사나 간호사는 보통 흰색 옷을 입는다. 감염에 민감한 환자들이 있는 병원에서는 위생이 매우 중요한 문제이기 때문이다. 흰색 옷은 옷이 더러워졌을 때 이를 쉽게 알아차릴 수 있게 해 준다.

법관은 검은색 옷을 입는다. 예전 서양에서는 신분에 따라 입을 수 있는 옷 색깔이 정해져 있었지만, 검은색 옷은 누구나 입을 수 있었다. 법관의 검은색 옷은 법 앞에서 모든 사람이 평등하다는 뜻을 나타내며, 다른 것에 물들지 않고 공정하게 재판해야 한다는 의미를 담고 있다.

학령기 아동을 위한
읽기유창성 및 읽기이해 프로그램

동물의 소리

학습 목표

- 글을 읽을 때, 적당한 부분에서 끊어서 빠르고 정확하게 읽을 수 있다.
- 글을 읽고, 중심 내용을 요약할 수 있다.

사전 평가

지시문 **앞에 있는 종이에 글이 있어요. 이제 선생님이 "시작"이라고 하면** (학생용 평가지의 첫 어절을 손가락으로 가리키고 계속해서 훑으면서 보여 주며) **처음부터 읽기 시작해서 "그만"이라고 할 때까지 최대한 정확하게, 그리고 최대한 빨리 읽으세요. 글을 읽다가 모르는 글자가 나오면 선생님이 어떻게 해야 할지 알려 줄게요. 최선을 다하세요. 질문 있어요?** (질문이 있으면 질문에 대답한다.) **준비, 시작.** (학생이 첫 어절을 말함과 동시에 초시계를 누르고 1분간 학생의 반응을 기록한 뒤 1분이 지나면 "**그만**"이라고 말한다.)

동물들이 소리를 내는 방식은 다양합니다. 성대를 이용하여 소리를 내는 동물도 있고 다른 부위를 이용하는 동물도 있습니다.

개나 닭은 사람과 같이 성대를 울려 소리를 내지만 다양한 소리를 내지는 못합니다. 왜냐하면 성대나 입과 혀의 생김새가 사람과 다르기 때문입니다.

물고기는 몸속에 있는 부레로 여러 가지 소리를 냅니다. 부레 안쪽 근육을 수축하거나 부레의 얇은 막을 진동해 소리를 낼 수 있습니다.

출처: 2021학년도 초등학교 5학년 기초학력 진단검사 국어(G형)

배경지식 활성화하기

◆ 사진을 보고, 오늘 배울 주제(동물의 소리)에 대해 이미 알고 있는 것과 어떤 내용을 배울 것 같은지 등에 대해 자유롭게 말해 봅시다.

단어 학습

단어 읽기

 다음 단어를 바르게 읽어 봅시다. 

성대	부위
수축해서	얇은
진동해	

어휘 익히기

 다음 단어의 뜻을 알아봅시다. 

성대를 이용하여 소리를 내는 동물도 있다.

단어에 대해 짐작한 뜻:

어떻게 짐작했나요?

사전적 정의

비슷한말

소리를 낼 때 다른 **부위**를 이용하는 동물도 있습니다.

단어에 대해 짐작한 뜻:

어떻게 짐작했나요?

사전적 정의

비슷한말

문장 만들기

물고기는 부레 안쪽 근육을 **수축해서** 소리를 낼 수 있다.

단어에 대해 짐작한 뜻:

어떻게 짐작했나요?

사전적 정의

비슷한말

반대말

문장 만들기

물고기는 부레의 **얇은** 막을 진동해 소리를 낼 수 있습니다.

단어에 대해 짐작한 뜻:

어떻게 짐작했나요?

사전적 정의

비슷한말

반대말

문장 만들기

물고기는 부레의 얇은 막을 **진동해** 소리를 낼 수 있습니다.

단어에 대해 짐작한 뜻:

어떻게 짐작했나요?

사전적 정의

비슷한말

문장 만들기

◆ 다음 보기에서 적절한 단어를 골라 문장을 완성하세요.

성대	부위	수축되어	얇은	진동하고

1. 사춘기가 되면 ______________에 변화가 생기면서 목소리가 바뀐다.

2. 소고기는 ______________에 따라 맛이 다르다.

3. 다리 근육이 갑자기 ________________ 쥐가 났다.

4. 여름에는 ______________ 옷을 입는다.

5. 지진으로 땅이 ________________ 건물이 흔들렸다.

단어 반복 읽기

 다음 단어들을 빠르고 정확하게 읽어 봅시다.

성대	부위	수축해서	얇은	진동해
부위	수축해서	얇은	진동해	성대
수축해서	얇은	진동해	성대	부위
얇은	진동해	성대	부위	수축해서
진동해	성대	부위	수축해서	얇은
성대	부위	수축해서	얇은	진동해
부위	수축해서	얇은	진동해	성대
수축해서	얇은	진동해	성대	부위
얇은	진동해	성대	부위	수축해서
진동해	성대	부위	수축해서	얇은

어구/절 학습

어구/절 읽기

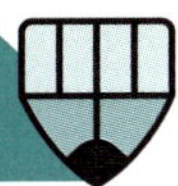

 다음 어구를 바르게 읽어 봅시다. 

동물들이 소리를 내는 방식은	성대를 울려 소리를 내지만
성대나 입과 혀의 생김새가	몸속에 있는 부레로
부레의 얇은 막을 진동해	

어구/절 반복 읽기

 다음 어구들을 빠르고 정확하게 읽어 봅시다. 

동물들이 소리를 내는 방식은	성대를 울려 소리를 내지만	성대나 입과 혀의 생김새가
몸속에 있는 부레로	부레의 얇은 막을 진동해	성대를 울려 소리를 내지만
성대나 입과 혀의 생김새가	몸속에 있는 부레로	부레의 얇은 막을 진동해
동물들이 소리를 내는 방식은	성대나 입과 혀의 생김새가	몸속에 있는 부레로
부레의 얇은 막을 진동해	성대를 울려 소리를 내지만	동물들이 소리를 내는 방식은
몸속에 있는 부레로	부레의 얇은 막을 진동해	동물들이 소리를 내는 방식은
성대를 울려 소리를 내지만	성대나 입과 혀의 생김새가	부레의 얇은 막을 진동해
동물들이 소리를 내는 방식은	성대를 울려 소리를 내지만	성대나 입과 혀의 생김새가
몸속에 있는 부레로	동물들이 소리를 내는 방식은	성대를 울려 소리를 내지만
성대나 입과 혀의 생김새가	몸속에 있는 부레로	부레의 얇은 막을 진동해

글 학습

끊어서 반복 읽기

글을 / 표시된 곳에서 끊어 읽어 봅시다. 읽을 때 빠르고 정확하게 읽도록 합시다.

동물들이 소리를 내는 방식은 / 다양합니다. / 성대를 이용하여 소리를 내는 / 동물도 있고 / 다른 부위를 이용하는 / 동물도 있습니다. /

개나 닭은 / 사람과 같이 / 성대를 울려 소리를 내지만 / 다양한 소리를 내지는 못합니다. / 왜냐하면 / 성대나 입과 혀의 생김새가 / 사람과 다르기 때문입니다. /

물고기는 / 몸속에 있는 부레로 / 여러 가지 소리를 냅니다. / 부레 안쪽 근육을 수축하거나 / 부레의 얇은 막을 진동해 / 소리를 낼 수 있습니다. /

읽기이해 전략 학습

◆ 글을 소리 내지 않고 읽어 봅시다.

동물들이 소리를 내는 방식은 다양합니다. 성대를 이용하여 소리를 내는 동물도 있고 다른 부위를 이용하는 동물도 있습니다.

개나 닭은 사람과 같이 성대를 울려 소리를 내지만 다양한 소리를 내지는 못합니다. 왜냐하면 성대나 입과 혀의 생김새가 사람과 다르기 때문입니다.

물고기는 몸속에 있는 부레로 여러 가지 소리를 냅니다. 부레 안쪽 근육을 수축하거나 부레의 얇은 막을 진동해 소리를 낼 수 있습니다.

중심 내용 파악하기 전략

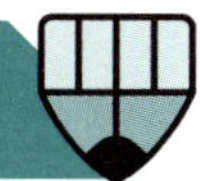

1문단

중심 낱말

중심 내용

뒷받침 내용

2문단

중심 낱말

중심 내용

뒷받침 내용

3문단

중심 낱말

중심 내용

뒷받침 내용

내용 조직하기 전략

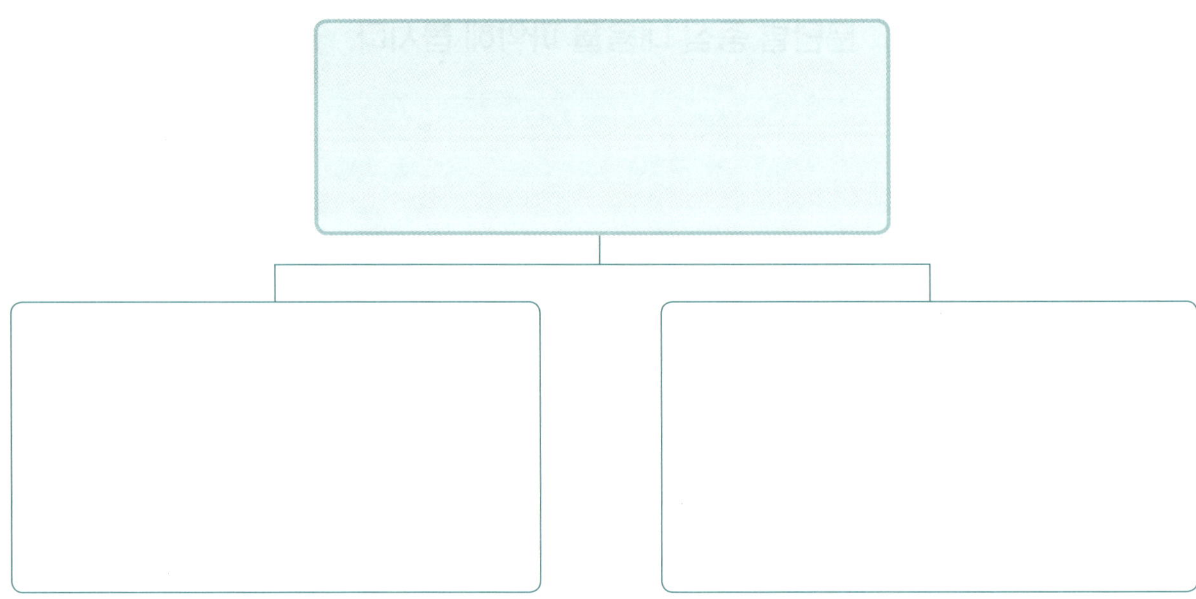

내용 간추리기 전략

내용 조직도의 주요 내용을 반영하여 글의 내용을 다시 말해 봅시다.

제목 찾기

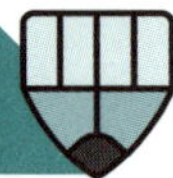

읽기이해 질문에 답하기

(가) 동물들이 소리를 내는 ⓐ 방식은 다양합니다. 성대를 이용하여 소리를 내는 ㉠ 동물도 있고 다른 부위를 이용하는 동물도 있습니다.

(나) 개나 닭은 사람과 같이 ㉡ 성대를 울려 소리를 내지만 다양한 소리를 내지는 못합니다. 왜냐하면 성대나 입과 혀의 생김새가 사람과 다르기 때문입니다.

(다) 물고기는 몸속에 있는 ㉢ 부레로 여러 가지 소리를 냅니다. 부레 안쪽 근육을 수축하거나 부레의 얇은 막을 ㉣ 진동해 소리를 낼 수 있습니다.

1. 윗글을 다음과 같이 간추릴 때 (다)에 들어갈 내용으로 알맞은 것은? (　　)

(가)	동물들이 소리를 내는 방식은 다양합니다.
(나)	개나 닭은 사람과 같이 성대를 울려 소리를 내지만 다양한 소리를 내지는 못합니다.
(다)	

① 동물들은 몇 가지 소리만 낼 수 있습니다.
② 바다에는 여러 종류의 물고기가 살고 있습니다.
③ 개나 닭은 성대나 입의 생김새가 사람과 다릅니다.
④ 물고기는 몸속에 있는 부레로 여러 가지 소리를 냅니다.

2. 윗글의 ㉠~㉣ 중 국어사전에서 가장 앞에 실리는 낱말은? (　　)

① ㉠　　② ㉡
③ ㉢　　④ ㉣

3. 윗글을 읽는 방법으로 알맞지 않은 것은? (　　)

① 글쓴이의 주장과 근거를 파악한다.

② 무엇을 설명하는 글인지 생각한다.

③ 알고 있는 내용이 무엇인지 생각한다.

④ 읽고 난 후 새롭게 알게 된 내용을 생각한다.

4. 윗글의 ⓐ와 비슷한 낱말로 알맞은 것은? (　　)

① 방향

② 방문

③ 방법

④ 방지

5. 윗글에 알맞은 제목을 써 주세요.

6. 윗글의 내용을 요약해 주세요.

사후 평가

지시문 **앞에 있는 종이에 글이 있어요. 이제 선생님이 "시작"이라고 하면** (학생용 평가지의 첫 어절을 손가락으로 가리키고 계속해서 훑으면서 보여 주며) **처음부터 읽기 시작해서 "그만"이라고 할 때까지 최대한 정확하게, 그리고 최대한 빨리 읽으세요. 글을 읽다가 모르는 글자가 나오면 선생님이 어떻게 해야 할지 알려 줄게요. 최선을 다하세요. 질문 있어요?** (질문이 있으면 질문에 대답한다.) **준비, 시작.** (학생이 첫 어절을 말함과 동시에 초시계를 누르고 1분간 학생의 반응을 기록한 뒤 1분이 지나면 **"그만"**이라고 말한다.)

동물들이 소리를 내는 방식은 다양합니다. 성대를 이용하여 소리를 내는 동물도 있고 다른 부위를 이용하는 동물도 있습니다.

개나 닭은 사람과 같이 성대를 울려 소리를 내지만 다양한 소리를 내지는 못합니다. 왜냐하면 성대나 입과 혀의 생김새가 사람과 다르기 때문입니다.

물고기는 몸속에 있는 부레로 여러 가지 소리를 냅니다. 부레 안쪽 근육을 수축하거나 부레의 얇은 막을 진동해 소리를 낼 수 있습니다.

학령기 아동을 위한
읽기유창성 및 읽기이해 프로그램

국악기

학습 목표

- 글을 읽을 때, 적당한 부분에서 끊어서 빠르고 정확하게 읽을 수 있다.
- 글을 읽고, 중심 내용을 요약할 수 있다.